Margot Käßmann

# WAS ICH DIR MITGEBEN MÖCHTE

Orientierungspunkte auf dem Weg ins Leben

Gütersloher Verlagshaus

# INHALTSVERZEICHNIS

Vorwort   4

Den eigenen Weg finden   7

Am Glauben festhalten   27

Sich beheimaten   47

Liebe wagen    65

Ziele haben    83

Für etwas einstehen    101

Spuren hinterlassen    121

Nachwort    138

## VORWORT

Es ist nicht leicht, erwachsen zu werden! Da gibt es Auseinandersetzungen mit Freunden und Freundinnen und mit den Eltern, die Frage, wer ich eigentlich selbst bin, die Sehnsucht nach Liebe und auch die Überlegung, ob mir selbst beispielsweise Glauben etwas bedeutet.

Wenn ich mit Jugendlichen spreche, E-Mails von ihnen erhalte, begegne ich immer wieder ähnlichen Fragen. Oft entsteht ja eine Sprachlosigkeit zwischen Jugendlichen und Erwachsenen. Die Älteren wollen ihnen gern etwas von ihrer Erfahrung mit auf den Lebensweg geben, die Jüngeren wollen sich erst einmal abgrenzen.

So habe ich zu sieben Themen sieben Briefe an Jugendliche geschrieben, die es so nicht gibt, aber die ich vor Augen habe, die mich an jemanden erinnern. Dabei habe ich versucht, aus meiner Lebenserfahrung und von meinem Glauben her Orientierungspunkte zu beschreiben, die manchmal weiterhelfen, manchmal aber sicher auch dazu führen zu sagen: Nein, mein Weg ist das so nicht. Auf beide Weisen finden wir ja einen eigenen Standpunkt: durch Abgrenzung wie durch Übereinstimmung.

Manche der Fragen interessieren dich vielleicht eher, wenn du 14 bist, andere sind erst wichtig, wenn du 17 oder 18 wirst. Aber vielleicht kannst du ein bisschen stöbern, auch in den Texten der sieben öffentlich bekannten Menschen, die erzählen, welcher Bibelvers ihnen wichtig war im Leben, in den Bibeltexten, die zu finden sind, oder den Texten zum Weiterdenken, die ich zusammengestellt habe. Außerdem gibt es zu jedem Teil Informationen, manchmal einfach Adressen, die weiterhelfen.

Ich danke der Kinder- und Jugendtherapeutin, dem Theologen und vor allem den Jugendlichen, die mir im Sommer 2008 bei der Entstehung des Buches geholfen haben.

Hannover, im Oktober 2008

# DEN EIGENEN WEG FINDEN

Liebe Daniela,

nun bist du eine Jugendliche und auf deinem ganz eigenen Weg. Bisher war ja alles ziemlich klar: du gehst zur Kita oder in die Schule. Deine Mutter oder dein Vater sagen, wohin die Reise geht. Aber wenn du älter wirst, fragst du dich: Wohin will ich selbst gehen? Wie soll denn mein Leben aussehen?

Es ist ein Wagnis, sich auf die Suche nach dem eigenen Lebensweg einzulassen. Denn es ist ein Weg mit vielen Abzweigungen, über die ein Mensch letzten Endes allein entscheiden muss.

Ich erinnere mich, dass ich irgendwann mit 14 oder 15 Jahren fast erschrocken bin, als mir klar wurde: Du hast ja ganz viele Abzweigungen längst genommen! Es ist jetzt schon klar, dass du keine großartige Klavierspielerin mehr wirst und auch keine Balletttänzerin. Von da an habe ich überlegt, wie ich besser darauf achten kann, bewusst über meinen eigenen Weg zu entscheiden.

Und ich habe gelernt, dass der berühmte Satz stimmt: »Das Leben wird nach vorne gelebt, aber rückwärts verstanden.« Das heißt für mich: Du kannst gar nicht ständig überlegen, was nun heute und morgen die richtigen Schritte sind. Du musst auch manchmal einfach einige Strecken gehen. Und dann schaust du zurück und merkst, wo die Abzweigungen waren. Schritt für Schritt ergibt sich so dein eigenes Leben, dein Profil, dein ganz persönlicher Lebensweg.

Da gibt es sicher oft auch Angst: Wie mache ich alles richtig? Schaffe ich das überhaupt? Wer bin ich eigentlich? Es ist wichtig, sich diesen Fragen zu stellen, statt einfach darüber hinwegzugehen. Manchmal ist es hilfreich, aufzuschreiben, was mich bewegt, vielleicht ein Tagebuch zu führen. Dann kann ich noch einmal nachlesen und vielleicht später merken: Ich habe ja Entscheidungen getroffen, die gar nicht so falsch waren. Und ab und an im Rückblick zeigt sich dann: Ich hätte mich gar nicht so sehr sorgen müssen, das war doch gar nicht so schlimm.

**Manchmal ist es hilfreich, aufzuschreiben, was mich bewegt.**

Es wird darum gehen, zu schauen, was mir gut tut, wie ich den für mich gangbaren Weg finde. Dabei ist meine Erfahrung, dass es für manche Entscheidungen Zeit braucht. Oft habe ich mich geärgert, wenn ich etwa einen Brief zu schnell abgeschickt, eine Entscheidung nicht noch einmal überschlafen habe, obwohl sie Zeit gehabt hätte bis morgen. Und manchmal im Rückblick habe ich gedacht: Hättest du doch auf deinen Bauch gehört oder meinetwegen auf dein Gefühl. Das, was wir Intuition nennen, das Erspüren also der richtigen Entscheidung, braucht auch ein Hören auf mich selbst. Und ab und an braucht es Ratgeber, Freundinnen und Freunde, vielleicht auch Erwachsene, die dir helfen, den richtigen Schritt zu gehen. Manchmal gab es Zeiten, da habe ich einfach Listen gemacht mit Argumenten: Pro und Contra. Und oft hat sich gezeigt: Es war ja längst klar, wofür die meisten Argumente sprechen.

Dass es dabei auch falsche Entscheidungen gibt, ist klar, es ist Teil der Lebenserfahrung. Da schaust du zurück und ärgerst dich furchtbar – über andere, aber noch mehr, wenn du selbst einen Fehler gemacht hast. Doch auch Fehler gehören zum Leben, zur Suche nach dem eigenen Lebensweg. Ich denke, ich habe aus meinen Fehlern mehr gelernt als aus meinen richtigen Entscheidungen oder erfolgreichen Abzweigungen. Wenn wir nämlich unsere Fehler anschauen, können wir manches Mal erkennen, was uns dazu getrieben hat.

**Auch Fehler gehören zum Leben, zur Suche nach dem eigenen Lebensweg.**

Was sind das für Mechanismen etwa, die mich so zornig werden lassen, dass ich Menschen wehtue, die ich eigentlich liebe? Warum verliere ich in bestimmten Situationen so schnell die Geduld, auch wenn es mir hinterher leidtut? Wie kann es sein, dass ich mit den Eltern derart aneinander gerate, obwohl nur eine Kleinigkeit der Anlass war? Wenn wir uns die Zeit nehmen, herauszufinden, was uns zu solchen Reaktionen bringt, dann können wir das nächste Mal besser, anders, behutsamer reagieren. Mit Konflikten umgehen lernen, Auseinandersetzungen gewaltfrei lösen, einen Streit aushalten, statt einfach wegzugehen und die Tür zuzuknallen, über das reden, was uns umtreibt, was eine Beziehung belastet, Kritik annehmen, ohne so absolut verletzt zu sein – das sind Lektionen, die jeder Mensch selbst lernen muss auf dem Lebensweg.

Niemand aber steht völlig über allen Dingen, ist immer gelassen. Alle Menschen beispielsweise haben irgendwann Angst in ihrem Leben. Das ist völ-

lig normal. Da gibt es die Angst, nicht mithalten zu können, in der Schule etwa, wenn andere offensichtlich cleverer sind, schneller lernen, bessere Noten haben. Mir ist wichtig, dass es in Gottes Augen keine Versager gibt. Jeder Mensch hat Gaben, die er oder sie einbringen kann, jede Person ist von Gott gewollt.

Es gibt aber auch die Angst andersherum: ausgeschlossen zu sein, weil ich so gute Noten habe, als »Streber« gesehen zu werden, weil ich Erfolg habe. Ausgeschlossen zu sein, weil ich zu keiner Gruppe dazugehöre, sich allein fühlen – das ist ein Leben lang ein großes Thema. Das hört auch nicht auf, wenn du erwachsen bist. Die Frage ist: Verstelle ich mich, biedere ich mich anderen an, um dazuzugehören, oder finde ich meinen eigenen Standpunkt, habe ich den Mut zu eben meinem ganz eigenen Weg.

Es ist wichtig, diesen Mut zu haben, denke ich. Nur rauchen, weil alle rauchen, kiffen, weil die ganze Gruppe kifft, Alkohol trinken, weil alle das tun, Sex haben, weil andere schon damit prahlen – das ist eben kein Zeichen von Stärke, sondern eher ein Zeichen von Angst, nicht dazuzugehören, allein zu sein. Ja, es braucht Mut, den eigenen Weg zu gehen!

Zu wissen, wer ich selbst bin, dazu gehört auch ein positives Grundverhältnis zu meinem eigenen Körper. Was aber, wenn ich mich als Mädchen zu dick fühle? Wenn ich als Junge alles andere habe als einen Traumbody mit Sixpack? Es kann sehr wehtun, zu sehen, wie andere den Idealmaßen entsprechen, ich aber nicht. Manche haben direkt Angst, sich im Spiegel anzuschauen. Wer aber sich selbst nicht lieben kann, die oder den werden auch andere kaum mögen können. Du strahlst etwas anderes aus, wenn du mit dir selbst und deinem Körper im Reinen bist.

Eine Tante von mir sagte immer, wenn wir über das Aussehen oder Verhalten eines anderen Menschen lästerten: »Der liebe Gott hat eben einen großen Zoo.« Ich finde heute, das ist ein schönes Bild. Wie langweilig wäre es, wenn alle Menschen gleich aussähen: gleiche Körperform, gleiche Haar- und Augenfarbe. Stattdessen: Versuch, zu dir selbst zu stehen! Du bist ein Geschöpf Gottes, so, wie du bist, mit deinen Stärken und Schwächen. Gut, Übergewicht mit Fastfood anzufuttern, das ist bestimmt nicht ideal. Aber hungern, bis es wehtut, bis zur Schmerzgrenze Sport treiben, das ist auch keine Lösung. Ich denke, ein Mensch sollte versuchen, die Körperform zu

finden, in der er oder sie sich wohlfühlen, eine Balance haben, sich sehen kann als ganz eigene Person.
In einer amerikanischen Serie wurden einmal Frauen, die mit ihrem Aussehen unzufrieden waren, in eine Schönheitsklinik gebracht. Wenn sie nach drei Monaten wieder herauskamen, sahen alle irgendwie gleich aus. Gleiche Busengröße, gleiche Nasenform, ähnliche Figur. Ich fand das Ergebnis höchst langweilig. Jeder Mensch hat doch etwas Besonderes.
Vielleicht kannst du das Besondere bei dir suchen. Was gefällt dir an dir

selbst? Kannst du das hervorheben? Du wirst deinen Lebensweg mit diesem Körper gehen. Deshalb ist es wichtig, dich mit ihm anzufreunden, eine Harmonie für dich zu finden. Dann wirst du diese innere Balance ausstrahlen, und das wiederum ist für andere anziehend.
Den eigenen Weg finden – dazu möchte ich dir Mut machen. Viele werden dich auf dem Weg begleiten, Eltern und Großeltern, Freundinnen und Freunde, ein Pate oder eine Lehrerin vielleicht, oder auch ein Ausbilder oder die Nachbarin. Aber letzten Endes ist es dein Weg. Finde heraus, was du an dir magst und was deine Schwächen sind. Sei mutig, du selbst zu

sein, ein ganz eigenes Geschöpf Gottes. So wirst du deinen Weg finden, auch wenn er nicht immer einfach ist. Und dann blickst du zurück und kannst manchmal auch lächeln, weil etwas so schwer schien und doch nur ein Schritt war auf deinem eigenen Weg. So findest du Zutrauen, mutig weitere Abzweigungen zu gehen. Und auch dann glücklich zu sein, wenn nicht immer alles perfekt erscheint.
Das möchte ich dir mitgeben, den Mut, deinen ganz eigenen Weg zu gehen.

*Was mir wichtig ist ...*

## *Die sieben Gaben*

Wenn ich dir was wünschen dürfte,
mein liebes Kind,
wünscht' ich dir die sieben Gaben,
die nicht leicht zu haben sind.
    Die Geduld der Weinbergschnecke,
    ruhig zieht sie ihre Bahn
    und kommt unbemerkt von allen
    still bei ihrem Ziele an.
Und den Stolz von meiner Katze,
kein Befehl bricht ihren Sinn.
Sie streicht nur um meine Füße,
wenn ich sanft zu ihr bin.
    Die Balance des Stehaufmännchens.
    Es schwankt etwas hin und her,
    wenn man es zu Boden drückte
    und steht dann wie vorher.
Und die Frechheit eines Flohes,
der die großen Tiere dreist
dort, wo sie am meisten stinken,
nicht hineinkriecht, sondern beißt.
    Das Geheimnis eines Steines,
    außen grau und unscheinbar,
    weiß er doch in seinem Innern
    einen Kristall, sternenklar.
Und den Traum des Samenkornes,
das sich in die Erde legt,
das die Blätter und Blüten,
Baum und Frucht in sich trägt.
    Und zuletzt den Mut der Rose,
    die noch einmal rot erblüht,
    wenn schon Raureif und Neuschnee
    jedes Feld überzieht.

*Gerhard Schöne*

# Psalm 27

Der Herr ist mein Licht und mein Heil; vor wem sollte ich mich fürchten?
Der Herr ist meines Lebens Kraft; vor wem sollte mir grauen?
Wenn die Übeltäter an mich wollen, um mich zu verschlingen,
meine Widersacher und Feinde, sollen sie selber straucheln und fallen.
Wenn sich auch ein Heer wider mich lagert,
so fürchtet sich dennoch mein Herz nicht;
wenn sich Krieg wider mich erhebt,
so verlasse ich mich auf ihn.
Eines bitte ich vom Herrn, das hätte ich gerne:
dass ich im Hause des Herrn bleiben könne mein Leben lang,
zu schauen die schönen Gottesdienste des Herrn
und seinen Tempel zu betrachten.
Denn er deckt mich in seiner Hütte zur bösen Zeit,
er birgt mich im Schutz seines Zeltes und erhöht mich auf einen Felsen.
Und nun erhebt sich mein Haupt über meine Feinde,
die um mich her sind; darum will ich Lob opfern in seinem Zelt,
ich will singen und Lob sagen dem Herrn.
Herr, höre meine Stimme, wenn ich rufe;
sei mir gnädig und erhöre mich!

Mein Herz hält dir vor dein Wort: »Ihr sollt mein Antlitz suchen.«
Darum suche ich auch, Herr, dein Antlitz.
Verbirg dein Antlitz nicht vor mir,
verstoße nicht im Zorn deinen Knecht!
Denn du bist meine Hilfe;
verlass mich nicht und tu die Hand nicht von mir ab,
Gott, mein Heil!
Denn mein Vater und meine Mutter verlassen mich,
aber der Herr nimmt mich auf.
Herr, weise mir deinen Weg und leite mich auf ebener Bahn
um meiner Feinde willen.
Gib mich nicht preis dem Willen meiner Feinde!
Denn es stehen falsche Zeugen wider mich auf
und tun mir Unrecht ohne Scheu.
Ich glaube aber doch, dass ich sehen werde
die Güte des Herrn im Lande der Lebendigen.
Harre des Herrn! Sei getrost und unverzagt und harre des Herrn!

# UND FAKTEN

## FRAGEN

Was ist Identität?

Der Begriff Identität umschreibt die Antwort auf die Frage: »Wer bin ich?« Identität umfasst die Gesamtheit aller Bilder eines Menschen von sich selbst mit einem subjektiven Gefühl von Stimmigkeit.

Die Identitätsbildung ist ein lebenslanger Prozess. Besonders mit Beginn des Jugendalters tritt sie mit der Frage »Wer bin ich?« in den Mittelpunkt der Entwicklung und führt zu weiteren Fragen und oft auch zu Selbstzweifeln. Erst am Ende der Jugendzeit (mit ca. 21 bis 25 Jahren) kann diese bedeutsame Frage zufriedenstellend beantwortet werden. Bis dahin gibt es eher Ideen; Bilder von einem selbst, die sich jedoch noch verändern. Das ist auch gut so, denn damit wächst auch eine innere Vielfalt.

Wann bin ich erwachsen?

Nach den neuesten Entwicklungstheorien wird davon gesprochen, dass die Jugendzeit ab dem 20. Lebensjahr endet und mit etwa 25 Jahren abgeschlossen ist. Das mag erst einmal verwundern, weil ja bei uns die rechtliche Volljährigkeit schon mit 18 Jahren beginnt. Doch die langen Schul- und Ausbildungszeiten verändern die Entwicklungszeiten und die damit verbundenen psychischen Herausforderungen und Lösungswege.

Warum verändert sich so viel, wenn du »jugendlich« bist?

Eine kurze Übersicht über die eben genannten »Herausforderungen« macht deutlich, dass in der Zeit vom etwa elften bis zum 25. Lebensjahr wirklich viel passiert:
• Zum einen verändert sich der Körper relativ plötzlich und schnell. Das wirft viele Fragen auf. Das alles kann sehr irritieren oder erfreuen. Jedenfalls passiert es einfach, ohne dass Jugendliche darauf Einfluss nehmen könnten.
• Dann verändert sich das Denken: Fragen nach Liebe, Freundschaften, Krankheit, Tod usw. tauchen auf und treten in das Leben. Das sind alles nicht so einfache Themen, die manchmal richtig Angst machen können. Außerdem beginnst du, dich aus den Augen anderer zu sehen und dich mit Gleichaltrigen zu vergleichen. Ja, sie nehmen ab jetzt

einen wichtigen Stellenwert ein und leider klappt es nicht mit allen Freundschaften so, wie du es dir wünschst, denn alle verändern sich, sodass sogar bis dahin richtig gute Freundschaften kaputtgehen können.

• Im Gehirn laufen neuro-biologische Prozesse an, die den gesamten Hormonspiegel durcheinanderwirbeln. Das nimmt vor allem Einfluss auf das Fühlen und Denken und setzt Prozesse in Gang, die schließlich die eigene Sexualität beschleunigen und bis dahin eher unvertraute Gefühle wie Verliebtsein, Sehnsüchte nach körperlicher Nähe zum anderen (oder gleichen) Geschlecht wecken. Das ist ein normaler körperlich-hormonell gesteuerter Reifungsprozess. Sichtbar werden diese neuen Empfindungen manchmal im Erröten, das den meisten sehr unangenehm ist.

• Schließlich verändert sich auch die Beziehung zu der Familie, vor allem zu den Eltern, die jetzt viel kritischer gesehen werden. Das alles hat mit dem Wunsch nach Loslösung zu tun, der bei manchen früher, bei anderen später einsetzt. Mit all den bereits genannten großen Veränderungen entsteht auch der Wunsch, die Eltern mögen das alles gar nicht mehr so genau mitbekommen, da viele die

Kritik der Eltern fürchten. Doch normalerweise kennen die Eltern diese Zeit aus eigener Erfahrung selbst noch gut und eine kritische Auseinandersetzung schärft die Wahrnehmung auf beiden Seiten.

Das alles verändert schließlich das Denken und Fühlen eines jeden Jugendlichen. Viel öfter als früher kommen dabei unangenehme Gefühle wie Wut, fast Hass und Ärger auf. Doch die bedeuten nicht, dass nun aus dem »lieben« Kind ein Jugendlicher mit einem »schlechten Charakter« geworden ist. Nein, es ist innerpsychisch nur alles sehr viel turbulenter geworden! Die heftigen Gefühlsausbrüche gehören dazu und sie nehmen auch wieder ab.

## Gene oder Erziehung?

Mittlerweile wird davon ausgegangen, dass beides eine große Rolle spielt. Jedes Kind bringt eine bestimmte genetische Disposition mit auf die Welt, doch die bleibt nicht unverändert, sondern wird auch durch Umwelterfahrungen beeinflusst.

**DIETER FALK**
*Komponist und Musikproduzent,
Mitglied der Pop-Stars-Jury*

## MEINE LIEBSTE BIBELSTELLE

*»Alle eure Sorge werfet auf ihn, denn er sorgt für euch!«*
(1. Petrus 5,7)

Während ich dies schreibe, sitze ich im Flugzeug irgendwo zwischen Düsseldorf und London auf dem Weg zu einem Urlaubswochenende in der englischen Metropole. Der Flug hat massive Turbulenzen, es wackelt, was das Zeug hält, und Frau und Kinder (11 und 14) schauen mich besorgt an. Ich kann nur sagen: »Macht euch keine Sorgen, das kenne ich. Ich habe das schon oft erlebt, das geht vorbei.« Aber was sind das schon für kleine Sorgen!

### Ein Blick 35 Jahre zurück:

Meine Güte, was hab ich mir als Teenie den Kopf zerbrochen: über alles und jedes, über Tod und Teufel, über Gott und die Welt. Ich war ein mittelmäßiger Schüler und mittelmäßiger Sportler in einer mittelmäßigen Provinzstadt, konnte aber damals schon ganz gut Klavier spielen. Trotzdem hatte ich keinen Plan, was aus mir einmal werden sollte. Sicher: mein Traum war es, Musikproduzent zu werden (was ich ja dann auch geworden bin), aber logischerweise wusste ich schon als 13-Jähriger, dass man von Träumen nicht satt werden kann.

Ich habe ein paar Jahre später über meine erste große Liebe gegrübelt: Was ist echte Liebe und wie lange hält sie? In vielerlei Hinsicht war ich damals oft ein Grübler und heute muss ich über den Satz »Wo wir Deutsche hingrübeln, wächst kein Gras mehr« (H. D. Hüsch) schallend lachen.

Ich selbst würde mich heute als ein Kind guter kirchlicher Jugendarbeit bezeichnen. In unserer Gemeinde wurde viel Musik gemacht, viel Fußball gespielt und vor allem hatten wir das Glück, einen guten Pastor zu haben. So kam ich auch in Kontakt mit der Bibel. Dort blieb ich irgendwann bei der Stelle im Petrusbrief hängen: »Alle eure Sorge werfet auf ihn, denn er sorgt für euch.« Ungefähr zur gleichen Zeit entdeckte ich beim Blättern in den hinteren Seiten des Kirchengesangbuchs den Dichter Paul Gerhardt und vor allem das Lied »Befiehl du deine Wege«. Dieses Lied hat mich umgehauen, vor allem nachdem ich mich ein wenig mit der spannenden, ja fast traurigen Lebensgeschichte von Paul Gerhardt beschäftigt hatte.

Die ersten Zeilen dieses Lieds möchte ich in etwas modernerem Deutsch so übersetzen: »Vertrau dein Leben dem an, der sich um das Große, um das Globale kümmert. Denn der wird auch einen Weg finden, auf dem du gehen kannst.«
»Alle eure Sorgen werfet auf ihn, denn er sorgt für euch.«

Damit wir uns nicht missverstehen: Die Mathearbeit wird ohne vorheriges Üben nicht dadurch eine Eins, das Fußballspiel gegen die favorisierte Gegnermannschaft wird nicht dadurch gewonnen und die langjährigen Versuche, abzunehmen trotz täglichem Fastfood-Konsum, führen nicht deshalb zum Erfolg, nur indem ich alle Sorgen auf ihn, also auf Gott werfe.

Aber: Mein Umgang mit den alltäglichen Problemen, meine Nervosität vor Prüfungen – trotz guter Vorbereitung und Vorsorge –, meinen »Schiss«, eine attraktive Arbeitsstelle zu bekommen, und vieles mehr *werfe* ich auf Gott. Ich finde das Wort *werfen* super, weil es so schön radikal ist, so schön laut. Wenn es mir echt »unter den Nägeln brennt«, kann ich Gott auch einmal anschreien, ihm meine Sorge hinwerfen.

Mir hat das sehr geholfen, mit dem Leben besser fertig zu werden, denn ich hatte die Nase voll vom Grübeln, vom ewigen »Sorgen machen«. Mein Glaube ist auch heute noch »kindlich-naiv« geblieben. Ich nehme mir heraus, mit Gott immer und überall zu reden. Ihn anzuschreien (»Wieso lässt du so etwas zu?«), ihn zu bitten (»Gott, hilf mir, dass ich auch bei meinem Job in der Castingshow Menschen gerecht behandle!«), mich bei ihm zu bedanken, wenn ich haarscharf an einem Autounfall vorbeigerauscht bin.

Dieses Gespräch mit ihm, dieser Kontakt – manche nennen es Beten –, ist Grundlage meines Glaubens. – Gott hat sich bis jetzt 48 Jahre um

> »Alle eure Sorge werfet auf ihn, denn er sorgt für euch!«

mein Leben gekümmert. Er sorgt sich um mich.

**Auch jetzt, wo die Turbulenzen** auf dem Flug nach London vorbei sind, weiß ich, dass immer wieder Turbulenzen in meinem Leben, in deinem Leben, im Leben meiner Familie kommen werden. Und dann steht da: »Alle eure Sorgen werfet auf ihn, denn er sorgt für euch.«

AM GLAUBEN FESTHALTEN

## Wir müssen miteinander reden.
## — Gott

**AM GLAUBEN FESTHALTEN**

Lieber Jan,

da hast du deine Mutter ja ganz schön provoziert, als du gesagt hast, du würdest aus der Kirche austreten! Mir ist natürlich klar, dass viele Jugendliche in deinem Alter sagen: Kirche, das ist irgendwie antiquiert und hat nichts mit mir zu tun. Ich bin da anderer Meinung, weil ich denke, gerade für junge Leute in deinem Alter, in dem es so viele Fragen gibt, ist unser Glaube an Gott wichtig als Halt und als Orientierung.

Glaube ist für mich zuallererst Vertrauen. Das erlebst du doch auch, dass es Momente gibt, da hast du das Gefühl, dich auf niemanden verlassen zu können. Da fragst du dich, ob dich überhaupt irgendjemand liebt, wer eigentlich so richtig zu dir steht.

In der Bibel heißt es einmal, Gott habe zu Abraham gesprochen wie zu einem Freund. Das gefällt mir als Bild sehr gut: Gott ist wie ein Freund, wie eine Freundin für uns. Auf Gott können wir uns allemal verlassen, ganz gleich, was in unserem Leben geschieht. Und wenn wir uns darauf einlassen, ist das gerade nicht einengend, sondern ermutigend, das gibt Weite. So wie dir etwas viel leichter fällt, wenn etwa deine Mutter oder ein Freund sagen: »Ich trau dir das zu!«, so ist das mit Gott für mich.

Dabei kommt es auch nicht zuallererst darauf an, dass wir glauben, sondern dass an uns geglaubt wird. Es liegt ja nicht am Menschen und dem, was er so Großartiges leistet, dass Gott uns liebt. Nein, Gott liebt den Menschen, obwohl er ist, wie er ist. Die Bibel hat ein sehr realistisches Menschenbild.

Das beginnt schon bei Adam und Eva, die sich verführen lassen, Kain, der seinen Bruder erschlägt, und dem Größenwahn der Menschen in der Geschichte vom Turmbau zu Babel.

Das kennst du doch auch: Wir lieben jemanden, auch wenn wir die Schwächen sehen. Das kann unserer Liebe gar nichts anhaben. Wir können bei Gott auf diese Liebe vertrauen. Wenn du nun fragst: Wie schaffe ich das, Gott zu vertrauen, kann ich nur sagen: Wag es! Ob es für dich gelingt, das ist dann letzten Endes auch wieder ein Geschenk.

Zum Wagnis, sich Gott anzuvertrauen, gehört für mich das Beten. Das ist sozusagen

**Das Beten ist sozusagen eine Standleitung zu Gott.**

eine Standleitung zu Gott. Da lernst du jemanden kennen, kommst ins Gespräch, triffst dich mal wieder – und im Laufe der Jahre gibt es einen Gesprächsfaden, der nicht mehr abreißt. Du musst allerdings auf Sendung bleiben. Wer sein Handy ausschaltet, kann auch keine SMS empfangen. Kompliziert sein muss das Beten übrigens nicht. Martin Luther hat einmal gesagt, es genüge völlig, das Vaterunser zu beten, darin sei alles enthalten.

Bei manchen erlebe ich, dass sie Sätze sagen wie: »Als mein Vater starb, da habe ich es versucht mit dem Beten, aber es hat nicht geklappt.« Oder jemand hat Liebeskummer und sagt: »Jetzt zweifle ich an Gott, denn meine Freundin hat mit mir Schluss gemacht.« Gott ist aber kein Münzautomat, in den ich was hineinwerfe und dann kommt etwas heraus. Gott begleitet uns in guten und in schlechten Zeiten.

Vielleicht kennst du die Geschichte von dem Menschen, der mit Gott rückwirkend die Spur seines Lebens anschaut. Beständig sind Gottes Fußspuren neben seinen zu sehen. Aber dann gibt es eine Phase mit nur einer Fußspur und der Mensch empört sich, weil er meint, gerade in der schwersten Zeit seines Lebens hätte Gott ihn allein gelassen. Gott aber erklärt, dass das genau die Lebensstrecke gewesen ist, während der er den Menschen auf seinen Händen getragen hat.

Um das zu verstehen, ist mir Jesus Christus besonders wichtig. Er hat uns ja gezeigt, wie Gott die Menschen liebt. Dazu gibt es in der Bibel wunderbare Geschichten, etwa die vom verlorenen Sohn (Lukas 15,21ff.). Diese Geschichten zeigen, dass Gott uns immer wieder mit offenen Armen aufnehmen will, auch wenn wir auf Abwege geraten sind. Jesus ist für uns der Weg zu Gott. In ihm erkennen wir, wie Gott ist: der liebende Vater, der den Sohn wieder aufnimmt, die Frau, die den verlorenen Groschen sucht, der Weinbergbesitzer, der allen gegenüber gleichermaßen großzügig ist.

**Ich möchte dir Mut machen, einfach mal in der Bibel nachzulesen.**

Ich möchte dir Mut machen, einfach mal in der Bibel nachzulesen. Das war ja die ganz große Errungenschaft Martin Luthers, dass er sie in die Volkssprache übersetzt hat und Schulen gründete, damit alle selbst nachlesen können. Für mich ist es faszinierend, dass diese Geschichten 2000, ja 3000 Jahre und älter sind und immer eine Bedeutung

hatten, für jede Generation neu! Mich jedenfalls berührt das sehr, dass zwei Milliarden Menschen auf der Welt diese Geschichten teilen. Du kannst nach Äthiopien gehen oder nach Südkorea, nach Neuseeland oder nach Kanada – überall findest du Menschen, die genau dieselben Geschichten kennen. Und es ist spannend, miteinander darüber zu sprechen, wie wir sie verstehen in unseren unterschiedlichen Ländern und Kulturen. Die Kirche ist letzten Endes die erste globalisierte Bewegung überhaupt, seit der Apostel Paulus seine Reisen begann. Ein allererstes world wide web, ein Netzwerk über Grenzen hinweg sozusagen.

Das zeigt schon etwas davon, dass das Christentum eben eine Gemeinschaftsreligion ist. Klar, du kannst allein mit Gott sprechen, beten. Aber alleine glauben ist genauso merkwürdig wie alleine Fußball spielen. Man kann auch mal gegen die Wand kicken, aber ein echtes Spiel ist das eben nicht.

Ich verstehe schon, du findest es nicht cool, in die Kirche zu gehen. Du kritisierst unsere Gottesdienste, da fehlt der Pepp, sagst du, und die Predigt ist dir zu lang. Letztes Jahr saß ein kleiner Junge neben mir im Weihnachtsgottesdienst. Als die Lektorin zu lesen begann: »Es begab sich aber zu der Zeit ...«, stöhnte er laut und sagte: »Oh Mann, die Story kenn' ich schon!« »Ja«, habe ich gesagt, »du kennst sie und du wirst sie jeden Heiligen Abend wieder hören. Aber du wirst sie immer neu hören, weil du dich veränderst und die Welt um dich herum.«

Dem Geheimnis des Glaubens können wir uns nur annähern, indem wir die biblische Geschichte hören und lesen. In der Wiederholung von Texten, Liedern und Liturgie liegt auch eine Beheimatung.

Es geht dabei um die Gemeinschaft, zu der du dazugehörst. Da ist nicht irgendwo »die Kirche«, sondern: Du bist Kirche. Ich denke, die Kirche ist auch für Jugendliche heute ein Ort der Zugehörigkeit. Da sind Menschen, die wollen Brot und Wein mit dir teilen und eine zweite Meile mit dir gehen. Da kannst du einen Ort finden, wo deine Gaben gebraucht werden: zum Beispiel beim Jugendcamp oder im Gospelchor. Du kannst dich einbringen auf unterschiedlichste Weise.
Vor kurzem habe ich beispielsweise eine Gruppe Jugendlicher kennen gelernt, die regelmäßig alte Menschen besuchen, die ihre Wohnung nicht

mehr verlassen können. Einer von ihnen hat bei meinem Besuch in der Gemeinde gesagt, erst wäre das ganz merkwürdig für ihn gewesen. Aber inzwischen sei das eine tolle Sache, er hätte das Gefühl, er würde gebraucht, und der alte Mann wäre jetzt wie ein Opa für ihn, den er selbst nie erlebt hatte. Da habe er richtig ein Bewusstsein für Verantwortung entwickelt.
Und der Zweifel am Glauben, an Gott, an der Bibel? Ich denke, der gehört zum Glauben dazu. Wir können die Existenz Gottes nicht beweisen. Wir können nicht wissenschaftlich belegen, dass Jesus von den Toten auferstanden

ist. Deshalb wird es immer auch Zweifel geben. Glaube ist nicht einfach Wissen, sondern meint eben Vertrauen. Aber der Zweifel wird in der Bibel nicht verurteilt, wir können mit Gott auch darüber sprechen, das ist mir wichtig. Eines noch: Glaube ist eben nicht das, was »man nicht darf«. Für mich engt Glaube gerade nicht ein, sondern gibt Halt und Orientierung, die uns frei machen, in die ganze Welt zu gehen. Wenn ich weiß, dass Gott mich liebt, dann kann ich eine ganz große Freiheit entfalten. Dann bin ich frei auch gegenüber all den Urteilen von anderen Menschen, ob ich nun gut genug bin, genug leiste oder mithalten kann. Es ist eine Freiheit, die ich

wahrnehmen kann, weil ich Wurzeln habe. Wer gut verwurzelt ist, kann manchem Sturm standhalten und sich weit verzweigen.
Ich kann dich nur ermutigen, mit Gott im Gespräch zu bleiben, in der Bibel selbst zu lesen und den Kontakt zur Kirche nicht aufzugeben. Das ist auch wichtig, weil du Menschen anderer Religionen begegnen wirst im Leben und dann wissen solltest, woran du dich orientierst. Gesprächspartner findest du bestimmt, in deiner Gemeinde, auf einer Jugendfreizeit, im Internet. Das möchte ich dir auf jeden Fall mitgeben, dass du Wurzeln findest in deinem Glauben.

*Was mir wichtig ist …*

## DU bist DU

Vergiss es nie: Dass du lebst,
war keine eigene Idee,
und dass du atmest, kein Entschluss von dir.
Vergiss es nie: Dass du lebst,
war eines anderen Idee,
und dass du atmest, sein Geschenk an dich.

Vergiss es nie: Niemand denkt und fühlt
und handelt so wie du,
und niemand lächelt so, wie du's grad tust.
Vergiss es nie: Niemand sieht den Himmel
ganz genau wie du,
und niemand hat je, was du weißt, gewusst.

Vergiss es nie: Dein Gesicht hat niemand sonst
auf dieser Welt,
und solche Augen hast alleine du.
Vergiss es nie: Du bist reich, egal ob mit,
ob ohne Geld,
denn du kannst leben! Niemand lebt wie du.

Du bist gewollt, kein Kind des Zufalls,
keine Laune der Natur,
ganz egal, ob du dein Lebenslied in Moll singst
oder Dur.
Du bist ein Gedanke Gottes,
ein genialer noch dazu.
DU bist DU.

*Jürgen Werth*

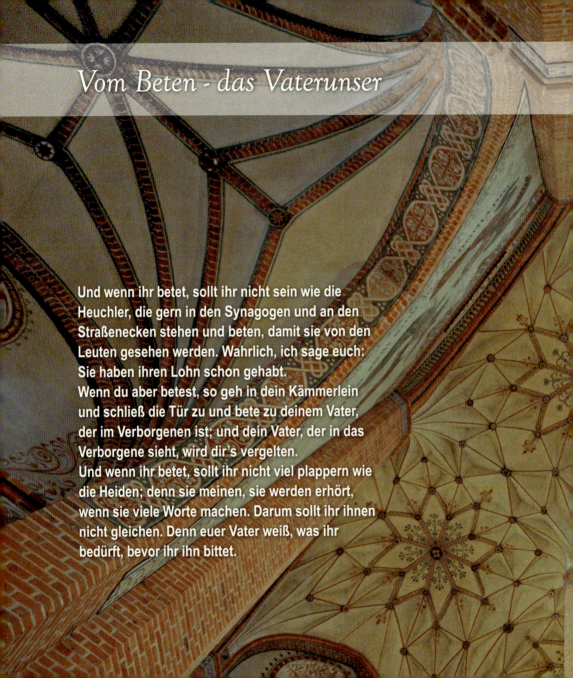

# Vom Beten - das Vaterunser

Und wenn ihr betet, sollt ihr nicht sein wie die
Heuchler, die gern in den Synagogen und an den
Straßenecken stehen und beten, damit sie von den
Leuten gesehen werden. Wahrlich, ich sage euch:
Sie haben ihren Lohn schon gehabt.
Wenn du aber betest, so geh in dein Kämmerlein
und schließ die Tür zu und bete zu deinem Vater,
der im Verborgenen ist; und dein Vater, der in das
Verborgene sieht, wird dir's vergelten.
Und wenn ihr betet, sollt ihr nicht viel plappern wie
die Heiden; denn sie meinen, sie werden erhört,
wenn sie viele Worte machen. Darum sollt ihr ihnen
nicht gleichen. Denn euer Vater weiß, was ihr
bedürft, bevor ihr ihn bittet.

Darum sollt ihr so beten:

Unser Vater im Himmel!
Dein Name werde geheiligt.
Dein Reich komme.
Dein Wille geschehe
wie im Himmel so auf Erden.
Unser tägliches Brot gib uns heute.
Und vergib uns unsere Schuld,
wie auch wir vergeben unsern Schuldigern.
Und führe uns nicht in Versuchung,
sondern erlöse uns von dem Bösen.
Denn dein ist das Reich
und die Kraft
und die Herrlichkeit
in Ewigkeit.
Amen.
(Matthäus 6,9–13)

# UND FAKTEN

## FRAGEN

Was glaubt wer in der Welt?

Mit knapp zwei Milliarden Gläubigen ist das Christentum heute die größte Weltreligion. Die Katholiken stellen dabei mit 1,1 Milliarden mehr als die Hälfte. Die Zahl der Protestanten beträgt rund 342 Millionen, die Orthodoxie zählt rund 215 Millionen Mitglieder. Dazu gibt es viele kleinere Freikirchen wie Baptisten, Mennoniten, Quäker. Auf Platz zwei weltweit folgen die Muslime mit ca. 1,2 Milliarden Gläubigen, der Buddhismus zählt rund 360 Millionen Anhängerinnen und Anhänger. Die Zahl der bekennenden Atheisten wird nach Schätzungen in den kommenden 25 Jahren von neun Millionen auf 159 Millionen wachsen.

Wer ist in Deutschland die Kirche?

In Deutschland werden jedes Jahr rund 250 000 Jugendliche konfirmiert. Knapp zwei Drittel (63 %) der Bevölkerung gehören einer Kirche an, davon 25,1 Millionen Menschen der evangelischen, 25,6 Millionen der römisch-katholischen, 1,3 Millionen der orthodoxen, mehr als 300 000 einer

Freikirche. Sehr unterschiedlich ist die Statistik in Ost und West, da in der DDR großer politischer Druck auf Christen ausgeübt wurde. Der Anteil der Christen in Ostdeutschland liegt infolgedessen bei 28 %. In Westdeutschland sind es im Durchschnitt 76 %.

Was bedeuten der Fisch und das Kreuz als Symbole?

Schon in der allerersten Zeit des Christentums war der Fisch eine Art Geheimzeichen für Glaubende. Auf Griechisch heißt Fisch »Ichthys«. Die fünf griechischen Buchstaben stehen für die Anfangsbuchstaben folgender Wörter:

I – Jesus
CH – Christus
TH – (theou) Gottes
Y – (yios) Sohn
S – (soter) Retter

Das Kreuz aber bleibt weltweit das zentrale »Markenzeichen« des Christentums. Es steht für Jesus Christus, seinen

Tod und den Glauben an die Auferstehung. Seine Form zeigt die Verbindung von Himmel und Erde und die Verbindung der Christen rund um den Globus.

Sind nicht irgendwie alle Religionen gleich?

Die Religionen sind sehr verschieden. Hinduismus und Buddhismus etwa sind eher individuell orientiert, Naturreligionen gibt es in den unterschiedlichsten Ausformungen. Christentum, Judentum und Islam stellen das Wort Gottes, wie sie es in der Thora, der Bibel bzw. im Koran finden, in den Mittelpunkt. Die drei Letzteren unterscheidet vor allem der Gottesbegriff, aber auch das Menschenbild. Dabei liegt in Jesus Christus die zentrale Unterscheidung. Für Christinnen und Christen ist er der Weg zu Gott, hat den Tod überwunden. In Jesus erkennen sie Gottes Zuwendung. Für Jüdinnen und Juden ist Jesus jedoch schlicht ein Rabbi, für Muslime einer der Propheten.

Können alle miteinander Gottesdienst feiern?

Wir unterscheiden ein *interreligiöses* und ein *multireligiöses* Gebet. *Interreligiöses Gebet* meint eine Form, in der die Unterschiede möglichst verwischt werden und sehr allgemein von »Gott« gesprochen wird. Jesus Christus kann in einer solchen Feier nicht vorkommen. Eine *multireligiöse Feier* bedeutet, dass jede Religion ihre eigene Tradition einbringt, wir also mit Respekt anwesend sind beim Gebet der anderen. Das halte ich für die aufrichtigere Form, weil nicht versucht wird, die Differenzen einfach zu ignorieren.

**PETER HAHNE**
*TV-Moderator, Bestseller-Autor,
EKD-Ratsmitglied*

## MEINE LIEBSTE BIBELSTELLE

*»Ich schäme mich des Evangeliums nicht, denn es ist eine Kraft Gottes, die selig macht alle, die daran glauben.«*
(Römer 1,16)

Das Power-Buch Bibel bietet echtes Dynamit. Wer Bibelverse mit Schlaftabletten verwechselt, hat sich gründlich verschätzt. Das Paulus-Wort von der Gotteskraft (griechisch: dynamis) ist mein Lieblingswort. Warum? Weil dieses Dynamit selbstgesetzte Lebensfundamente und trennende Mauern wegsprengt, um eine Energie freizusetzen, mit der mein Leben auf felsenfestem Grund stehen kann.

**Konfirmation ist ein echter Fest-Tag,** weil er fest macht. Das lateinische Wort »confirmare« bedeutet ja: begründen, bestärken, befestigen. Sich festmachen bei Jesus, sein Leben auf ein sicheres Fundament stellen. Wer sich an Jesus Christus bindet, ist frei von sich und für andere. Fest bei Jesus bleiben heißt: sich auf ihn verlassen, im Glauben nicht nachlassen, ihn nicht loslassen und die Gemeinschaft der Christen nicht verlassen.

**Evangelium, die gute Nachricht pur,** bedeutet: Wer sich auf Jesus verlässt, ist nie verlassen. Wer sich an den hängt, der am Kreuz hängt, hängt nicht durch. Denn er will mich nicht loslassen und in seiner Liebe nie nachlassen. Er will selbst dann nicht von mir ablassen, wenn ich ihn links liegen lasse, wenn ich mich sogar meines Glaubens schäme.
Doch warum sollte ich mich dieser großartigen Botschaft eigentlich schämen? Dazu gibt es keinen Grund, denn diese gute Nachricht von der Liebe Gottes ist konkurrenzlos wichtig und stellt alle anderen Neuigkeiten weit in den Schatten. Das hat einen überzeugenden Grund: Das Evangelium ist eine Gotteskraft, die wir zum Leben brauchen wie die Luft zum Atmen.

**Eine nachhaltige Energie, die Hoffnung schenkt,** ohne die oft nur Verzweiflung bliebe. Eine echte Alternativ-Energie, die allen kraftstrotzenden und trendigen Energiequellen aus der Hochglanzwerbung das Entscheidende voraus hat: Sie hat Ewigkeitswert und hört niemals auf, in mein Leben und in diese Welt zu fließen. Wenn wir uns darauf einlassen, sind wir nie verlassen. Diese Energie-Reserve reicht in guten und in bösen Tagen, an schwachen und an starken, wenn wir happy oder wenn wir down sind. Sie ist eine Kraft für mein Leben, die mich tragen und ertragen will.
Jesus braucht keine Trittbrettfahrer, er will echte Nachfolger. Leute, die es wagen, gegen den Zeitgeist auf Ewigkeitsworte zu bauen. Die sich dieses Evangeliums nicht schämen, weil es eine Kraft Gottes, eine Energiequelle für das ganze Leben ist. Die sich nicht schämen, sondern die

es nehmen als Vitaminspritze für den Alltag, die auf sein Wort bauen und die Bibel vom Lesebuch zum Lebensbuch machen.

**Ich sage das ganz unverschämt:** Ich schäme mich des Evangeliums von Jesus Christus nicht. Ich schäme mich nicht, zugeben zu müssen, dass ich Christus und sein Wort brauche, um glücklich leben zu können. Wer das in die Rechnung seines Lebens einkalkuliert, ist nie auf der Verliererseite. Mit Gott sind wir immer in der Mehrheit, auch wenn wir mit unserem Glauben in der Schule, am Arbeitsplatz oder unter Freunden oft ganz allein stehen.

**Und wer jetzt sagt: »Wer's glaubt, wird selig!«,** hat alles begriffen, was ich meinte: Wer das glaubt, wird selig, wird glücklich und seines Lebens froh, auch in den Stunden, wo's einem nur zum Heulen zumute ist. Denn glauben heißt: wissen, was trägt.

*»Ich schäme mich des Evangeliums nicht ...*

»... denn es ist eine Kraft Gottes, die selig macht alle, die daran glauben.«

SICH BEHEIMATEN

## SICH BEHEIMATEN

Liebe Laura,

bitte sei nicht mehr sauer, dass ich ein bisschen gelacht habe, als du gesagt hast, manchmal hättest du das Gefühl, du gehörst gar nicht in diese Familie, du wärst bei der Geburt irgendwie vertauscht worden. Das war überhaupt nicht böse gemeint. Ich habe mich nur daran erinnert, dass mir das selbst vor vielen Jahren auch einmal so ging.

Das ist völlig normal: In einer Familie gibt es immer Konflikte. Streit etwa um die Höhe des Taschengeldes, wie lange du ausgehen darfst, welche Noten du in der Schule hast, was du anziehst. Und da würdest du dir dann manchmal am liebsten eine eigene Familie zusammensuchen. Das gibt es im Leben wirklich auch: Wahlverwandtschaften, das Gefühl, Freunde sind dir näher als Verwandte. Aber deine Familie stellt dich in einen sozialen Zusammenhang, den du dir nicht wählen kannst.

Oft ist es ja so, dass einem die Familie der Freunde etwa netter erscheint. Da ist der Vater verständnisvoller, hier die Mutter toleranter. Die hat Geschwister und der einen tollen Großvater. Du sagst im Moment, deine beiden kleinen Brüder gehen dir auf den Wecker, du möchtest am liebsten in ein Internat. Andere beneiden dich vielleicht um Geschwister, weil sie keine haben. Du bist bedrückt wegen der Scheidung deiner Eltern, andere sind von Anfang an allein mit ihrer Mutter aufgewachsen. Wieder andere leiden unter dem ständigen Streit der Eltern und haben den Eindruck, bei allen anderen sind die Ehen der Eltern ganz harmonisch. Von außen kann niemand wirklich beurteilen, wie eine Familie nach innen funktioniert. Dabei kann sie sehr verschieden aussehen: Vater, Mutter und Kind oder Kinder. Ein Elternteil mit einem Kind. Eine zweite Ehe, in der Kinder aus vorangegangenen Ehen zusammenkommen. Eine Patchworkfamilie ist keine »schlechtere« Familie als eine »normale« Familie, und eine Familie, in der beispielsweise eine Mutter allein erzieht, ist nicht weniger wert als eine Familie, in der beide Eltern sich beteiligen. Und zur Familie gehören ja nicht nur Eltern und Kinder. Großeltern können eine wichtige Rolle haben, finde ich. Sie sind bei ihren Enkelkindern meistens offener, als sie es bei ihren eigenen Kindern waren, weil sie nicht

**Von außen kann niemand wirklich beurteilen, wie eine Familie nach innen funktioniert.**

die unmittelbare Verantwortung haben und sie oft nicht mehr unter dem Druck des Berufslebens stehen. Es gibt Paten, Freunde der Eltern, vielleicht Cousinen und Onkel, Cousins und Tanten.

Ich denke, jede Familie ist anders, aber jeder Mensch hat Familie, eine kleine oder eine große. Jeder Mensch stammt irgendwoher, und gerade für diejenigen, die nicht wissen, wer ihr Vater ist oder wer ihre biologischen Eltern sind, ist das oft eine ganz belastende Frage. In der Bibel gibt es viele Geschichten über Familien und Familienkonflikte. Denk nur mal an Josef und seine Brüder. Insgesamt 13 Geschwister und Halbgeschwister, Kinder eines Vaters und von vier Müttern. Und er, Josef, ist ein bisschen verwöhnt, ein ziemlicher Angeber offenbar, wird von den Brüdern verraten und verkauft, schlägt sich allein in der Fremde durch und am Ende gibt es dann doch nach vielen Jahren eine Versöhnung.

Es gibt keine perfekte Familie. Aber es gibt einen Rahmen, in dem ich aufwachse, der mich prägt und mir auch Sicherheit gibt. Familie sollte ein Raum der Zugehörigkeit und des Schutzes sein, in dem Menschen füreinander einstehen. Wenn das für dich nicht so ist, wenn du Probleme hast und Hilfe suchst, schäm dich nicht dafür! Es gibt Situationen, die du nicht mit deinen Eltern besprechen kannst, bei denen du Beistand von außen brauchst. Dafür gibt es zum Beispiel Beratungsangebote (siehe Seite 58-60).

Bei aller notwendigen Abgrenzung und manchem schmerzhaften Erkennen von notwendiger Distanz wirst du, wenn du älter wirst, manchmal fast zu deiner Verwunderung merken, was du alles von den Eltern übernommen hast. Ich muss da manchmal richtig über mich selbst lachen. Da wollte ich so vieles ganz anders machen, und dann erlebe ich, wie ich bei vielen Dingen genauso reagiere wie meine Mutter. Je älter ich werde, desto deutlicher wird mir, wie prägend die Familie ist.

> **Eine Familie lebt davon, dass alle etwas zu ihr beitragen.**

Oft ist es so, dass ein Mensch gerade in den schwierigsten Phasen des eigenen Lebens merkt: Die Familie ist für mich da. Das meint wohl auch dieser Spruch: Blut ist dicker als Wasser. Als ich als Erwachsene ein Kind in der Schwangerschaft verloren hatte, lag ich im Krankenhaus und konnte irgendwie nicht weinen. Plötzlich kam meine älteste Schwester, die ich länger nicht

gesehen hatte, zur Tür herein. Da flossen dann auf einmal die Tränen in Strömen und ich konnte meinen ganzen Kummer herauslassen.

Mir ist wichtig, dass eine Familie einerseits ein Ort der Geborgenheit sein soll, ein Raum, in dem ich ernst genommen werde, ein Platz, an dem die Tür immer für mich offen steht. Das bringt aber auch Verpflichtungen mit sich. Für deine Eltern, die dich erziehen. Für dich aber ebenso, weil du ebenfalls Verantwortung übernimmst für das Gelingen des Miteinanders. Und, falls du Geschwister oder Großeltern hast, auch für die anderen, die versorgt werden müssen. Eine Familie lebt davon, dass alle etwas zu ihr beitragen.

Neben Geborgenheit und Pflichten gibt es dann allerdings auch die notwendige Abgrenzung. Du musst dich überhaupt nicht dafür rechtfertigen, dass du auch Geheimnisse hast, deinen eigenen Weg suchst, dir manchmal deine Freundinnen und Freunde näher sind als deine Familie. Das ist normal. Es gehört auch der Respekt vor der Privatsphäre und eigenen Entwicklung der anderen zum Miteinander in der Familie. Die Post des anderen zu öffnen etwa oder gar das Tagebuch zu lesen, das halte ich für einen Bruch von Vertrauen. Dieser Respekt bedeutet aber auch, dass ich mich nicht abfällig über die anderen äußere, denn das verletzt. Du hast zurzeit Konflikte mit deinen Eltern, das ist normal. Aber verachten solltest du sie nicht.

Wahrscheinlich ist es am wichtigsten, miteinander im Gespräch zu bleiben, auch wenn es schwierig ist. Das habe ich oft erlebt: Zwei haben sich so sehr verletzt, dass sie einfach nur noch schweigen können. Und dann wird das Schweigen so tief, dass sie nicht zurück zum Miteinander-Reden finden.

Konflikte aber kann ich nur bewältigen, wenn ich aushalte, dass der andere Kritik an mir hat, dass ich formuliere, was mich bedrückt. Weglaufen, sich entziehen, das hilft letzten Endes nicht weiter.

Aber ja, ich weiß, es gibt auch Verletzungen, über die Kinder nicht hinwegkommen. Ein Mann hat mir einmal erzählt, dass sein Vater ihn ständig niedergemacht habe, er sei ein Weichei, mit ihm sei überhaupt nichts anzufangen. Er hätte sich nur noch als Versager, als Niete gefühlt. Als er dann zufällig – seine Familie war überhaupt nicht kirchlich eingestellt – gehört hat, dass da ein Vater im Himmel sei, der ihn liebe, da sei das für ihn wie

eine Lebensrettung gewesen. Er hat später übrigens Theologie studiert und ist Pfarrer geworden.

Vielleicht können wir so sagen: Unsere Herkunftsfamilie ist ein Übungsfeld, in dem wir fürs Leben lernen: Wie Geborgenheit möglich ist, wie wir Vertrauen wagen und Verantwortung übernehmen, wie wir uns abgrenzen, wie Teilen geht. In der Familie lernen wir auch, Sorgen zu teilen, Zuverlässigkeit zu schätzen, aber bei aller Geborgenheit uns auch dagegen zu sträuben, vereinnahmt, eingeengt zu werden, weil wir Selbstständigkeit, Autonomie

wollen. Wir müssen ja unseren eigenen Stil finden, unsere Lebensform, das individuelle Profil. Das ist immer ein Ringen um Grenzen zwischen den Generationen. Wenn du von deinen Eltern Druck empfindest, bedeutet das auch eine Auseinandersetzung mit ihren Erwartungen, ihren Wünschen, ja ihrer Sorge für dich. Da kannst du nicht sagen, die Eltern sind »schuld« an deinen Problemen. Ihr solltet schauen, wie ihr zu einem Kompromiss kommt.
Nicht zuletzt gibt dir deine Familie deinen Namen. Ja, auch damit hadert so mancher Mensch. Aber es ist doch dein Name. In der Bibel heißt es, dass Gott unsere Namen kennt: Ich habe dich bei deinem Namen gerufen, du

bist mein! (Jesaja 43,1). Dieser Name ist Teil deiner Identität. Deine Familie ist Teil deines Lebens, das sind die Wurzeln, aus denen du hervorwächst. Du wirst selbst einen eigenen Weg gehen, dich auch abgrenzen, das gehört zum Erwachsenwerden hinzu. Aber die Familie bietet Heimat. Manchmal sicher ist »Familie« eher ein idealisierter Ort der Sehnsucht, aber doch auch in ihren Brüchen bleibt sie gewichtig für uns.
Das möchte ich dir mitgeben: Unsere Familie können wir nicht abstreifen, sie prägt uns ein Leben lang. Es ist gut, sich dessen bewusst zu sein.

*Was mir wichtig ist ...*

Wer bin ich? Sie sagen mir oft,
ich träte aus meiner Zelle
gelassen und heiter und fest
wie ein Gutsherr aus seinem Schloss.
    Wer bin ich? Sie sagen mir oft,
    ich spräche mit meinen Bewachern
    frei und freundlich und klar,
    als hätte ich zu gebieten.
Wer bin ich? Sie sagen mir auch,
ich trüge die Tage des Unglücks
gleichmütig, lächelnd und stolz,
wie einer, der Siegen gewohnt ist.
    Bin ich das wirklich, was andere von mir sagen?
    Oder bin ich nur das, was ich selbst von mir weiß?
    unruhig, sehnsüchtig, krank, wie ein Vogel im Käfig,
    ringend nach Lebensatem, als würgte mir einer die Kehle,
    hungernd nach Farben, nach Blumen, nach Vogelstimmen,
    dürstend nach guten Worten, nach menschlicher Nähe,
    zitternd vor Zorn über Willkür und kleinlichste Kränkung,
    umgetrieben vom Warten auf große Dinge,
    ohnmächtig bangend um Freunde in endloser Ferne,
    müde und leer zum Beten, zum Denken, zum Schaffen,
    matt und bereit, von allem Abschied zu nehmen?
Wer bin ich? Der oder jener?
Bin ich denn heute dieser und morgen ein andrer?
Bin ich beides zugleich? Vor Menschen ein Heuchler
und vor mir selbst ein verächtlich wehleidiger Schwächling?
Oder gleicht, was in mir noch ist, dem geschlagenen Heer,
das in Unordnung weicht vor schon gewonnenem Sieg?
    Wer bin ich? Einsames Fragen treibt mit mir Spott.
    Wer ich auch bin, Du kennst mich, Dein bin ich, o Gott!

*Dietrich Bonhoeffer*

# Die Zehn Gebote

Und Gott redete alle diese Worte:
Ich bin der Herr, dein Gott,
der ich dich aus Ägyptenland, aus der Knechtschaft, geführt habe.
Du sollst keine anderen Götter haben neben mir.
Du sollst dir kein Bildnis noch irgendein Gleichnis machen,
weder von dem, was oben im Himmel, noch von dem,
was unten auf Erden, noch von dem, was im Wasser unter der Erde ist:
Bete sie nicht an und diene ihnen nicht!
Denn ich, der Herr, dein Gott, bin ein eifernder Gott,
der die Missetat der Väter heimsucht bis ins dritte und vierte Glied
an den Kindern derer, die mich hassen,
aber Barmherzigkeit erweist an vielen tausenden,
die mich lieben und meine Gebote halten.
Du sollst den Namen des Herrn, deines Gottes, nicht missbrauchen;
denn der Herr wird den nicht ungestraft lassen,
der seinen Namen missbraucht.
Gedenke des Sabbattages, dass du ihn heiligest.
Sechs Tage sollst du arbeiten und alle deine Werke tun.
Aber am siebenten Tage ist der Sabbat des Herrn, deines Gottes.

Da sollst du keine Arbeit tun, auch nicht dein Sohn,
deine Tochter, dein Knecht, deine Magd, dein Vieh,
auch nicht dein Fremdling, der in deiner Stadt lebt.
Denn in sechs Tagen hat der Herr Himmel und Erde gemacht
und das Meer und alles, was darinnen ist,
und ruhte am siebenten Tage.
Darum segnete der Herr den Sabbattag und heiligte ihn.
Du sollst deinen Vater und deine Mutter ehren,
auf dass du lange lebest in dem Lande,
das dir der Herr, dein Gott, geben wird.
Du sollst nicht töten.
Du sollst nicht ehebrechen.
Du sollst nicht stehlen.
Du sollst nicht falsch Zeugnis reden wider deinen Nächsten.
Du sollst nicht begehren deines Nächsten Haus.
Du sollst nicht begehren deines Nächsten Frau,
Knecht, Magd, Rind, Esel noch alles, was dein Nächster hat.
(2. Mose 20,1–17)

# UND FAKTEN

**FRAGEN**

Hilfe für Jugendliche - Beratungsstellen
Ansprechpartner
Sorgentelefon

• Bundesweites kostenloses Sorgentelefon für Kinder und Jugendliche »Die Nummer gegen Kummer«:
Tel: 0800 / 111 0 333
• Beratung und Informationen für suizidgefährdete Jugendliche unter www.youth-life-line.de
• Kostenlos berät auch die Telefonseelsorge rund um die Uhr unter Tel: 0800 / 111 0 111. Unter www.telefonseelsorge.de ist auch eine Beratung per Mail oder im Chat möglich.
• Bundeskonferenz für Erziehungsberatung e.V. (bke) bietet ein Online-Beratungsangebot für Jugendliche an. Bei Problemen mit Eltern, Freundinnen und Freunden, der Schule oder mit sich selbst. Ausgebildete und erfahrene Beraterinnen und Berater hören zu und helfen. Die Beratung erfolgt kostenlos und anonym! (www.bke-beratung.de)
• Die christliche Seite www.youngspirix.de gibt Jugendlichen Informationen zu vielen Themen. In der Rubrik »Herz und Seele« (www.youngspirix.de/de/herz-seele.html)

gibt es Beratungsmöglichkeiten auch via E-Mail. Außerdem können hier Beratungsstellen – nach Themengebieten und Regionen – gefunden werden.

So z. B. das Jugendtelefon Krefeld, Tel: 02151 / 20057. Dort können sich Jugendliche von Gleichaltrigen beraten lassen, die von erwachsenen Telefonseelsorgern unterstützt werden. Es ist auch eine Beratung per E-Mail möglich: www.jugendtelefon-krefeld.de/mail.htm

• Bundesweit fast 12 000 Beratungsstellen sind beim »Beratungsführer online« der Deutschen Arbeitsgemeinschaft für Jugend- und Eheberatung e.V. (DAJEB) verzeichnet: www.dajeb.de/suchmask.php

• www.evangelische-beratung.info verzeichnet die Angebote der Diakonie und anderer evangelischer Institutionen – in der Rubrik Jugendberatung speziell für Jugendliche. Die Seite verfügt über eine spezielle Postleitzahlensuche.

• Unter www.kummernetz.de/jugend sind verschiedene Ansprechpartner zu erreichen. Das Angebot der Arbeitsgemeinschaft Christliche Onlineberatung e.V. kombiniert Lebensberatung mit Internetseelsorge.

• Unter der Adresse www.kids-hotline.de können Teenager
in Foren über verschiedene Themen diskutieren: Liebe und
Sexualität, Familie, Sucht oder Wut und Gewalt sind einige
der Rubriken. Außerdem kann man sich per Mail oder Chat
beraten lassen.
• www.youngavenue.de ist eine Seite von »Die Kinder-
schutz-Zentren e.V.«
• Die Internetseite www.mutzumleben.info/jugend.html
bietet für Jugendliche zahlreiche Links zu weiteren Anlaufstellen. Für Erwachsene werden auf dieser Seite auch
weiterführende Literatur, Musik und Gedichte empfohlen.
• Die Seite www.kinderschutz-niedersachsen.de verzeichnet
neben den Ansprechpartnern bei den Landesbehörden und
den kommunalen Ämtern auch Krankenhäuser, Vereine und
Stiftungen
• Der Jugendserver Niedersachsen vom Landesjugendring
Niedersachsen e.V., Zeißstr. 13, 30519 Hannover,
Tel: 0511/51 94 51 - 0, bietet einen Überblick über verschiedene Anlaufstellen: www.jugendserver-niedersachsen.de

## SARAH BRENDEL

*Sängerin und Songschreiberin*
*Auf www.sarahbrendel.de kannst du mehr über ihr Leben und ihre Musik erfahren.*

»Wer von diesem Wasser trinkt, wird wieder Durst bekommen, wer aber von dem Wasser trinkt, das ich ihm geben werde, wird niemals mehr Durst haben; vielmehr wird das Wasser, das ich ihm gebe, in ihm zur sprudelnden Quelle werden, deren Wasser ewiges Leben schenkt.«
(Johannes 4,13+14)

Hallo, mein Name ist Sarah Brendel.
Ich bin in Hannover geboren und in einem kleinen Ort in Norddeutschland als älteste von fünf Schwestern aufgewachsen. Irgendwann legten wir uns einen Hund zu: Sir Henry, er war neben meinem Papa der einzige Junge im Haus, die beiden verstanden sich prächtig.

Meine Eltern sind ziemlich gläubige Menschen, ich ging mit ihnen regelmäßig zur Kirche, versuchte zu beten und las manchmal in der Bibel. Doch um ehrlich zu sein, langweilten mich die Sonntagspredigten, weil ich sie nicht verstand. Genauso war es auch mit dem Lesen in der Bibel,

**MEINE LIEBSTE BIBELSTELLE**

ich hatte keine Freude daran, es erinnerte an das trockene Lesen eines verstaubten Geschichtsbuches.

Manchmal betete ich vor dem Einschlafen – kurze Sätze, kleine zaghafte Monologe, dabei war ich mir nie ganz sicher, ob überhaupt jemand zuhört. Eines Tages stellte ich mir ernsthaft die Frage, ob ich eigentlich an Gott glaube. Ich wusste, dass zur Kirche zu gehen mich nicht automatisch zu jemandem macht, der glaubt. Nur einer Religion oder Tradition zu folgen, das lag mir fern, doch ich wollte wissen, ob Gott, von dem ich so viel gehört hatte, wirklich existiert!

Es gab viele Fragen in mir, und ich erinnere mich noch genau an den Abend, an dem ich begann, mit Gott darüber zu sprechen. Ich hielt ihm meinen Frust entgegen, meine Wut über all die Heuchelei, die ich von mir kannte und so oft auch bei anderen beobachtet hatte, ich erzählte ihm davon, wie mich Menschen enttäuschten, die sagten, sie würden an ihn glauben, aber unfreundlich und lieblos handelten, und wie sehr ich unter meiner eigenen Fehlbarkeit litt.

Langsam öffnete ich Gott mein Herz. Meine Frage, ob und wo er ist, wurde an diesem Abend beantwortet: Er hörte mir zu, hier in meinem kleinen Zimmer.

»Wer von diesem Wasser trinkt, wird wieder Durst bekommen, wer aber von dem Wasser trinkt, das ich ihm geben werde, wird niemals mehr Durst haben; vielmehr wird das Wasser, das ich ihm gebe, in ihm zur sprudelnden Quelle werden, deren Wasser ewiges Leben schenkt.«

**Jesus antwortete ihr:** »Wer von diesem Wasser trinkt, wird wieder Durst bekommen, wer aber von dem Wasser trinkt, das ich ihm geben werde, wird niemals mehr Durst haben; vielmehr wird das Wasser, das ich ihm gebe, in ihm zur sprudelnden Quelle werden, deren Wasser ewiges Leben schenkt.«

Es war, als würde Jesus diese Worte direkt zu mir sagen. Zum ersten Mal verstand ich, dass ohne den Geist, ohne eine Beziehung zu Gott, der Buchstabe tot ist.

Plötzlich wurde mir klar, dass die Bibel Gottes Reden ist, und je mehr ich mich darin vertiefte, umso stärker berührte und entführte es mich. An diesem Abend wurden Gott und ich Freunde und ich begann bewusst mit ihm zu leben.

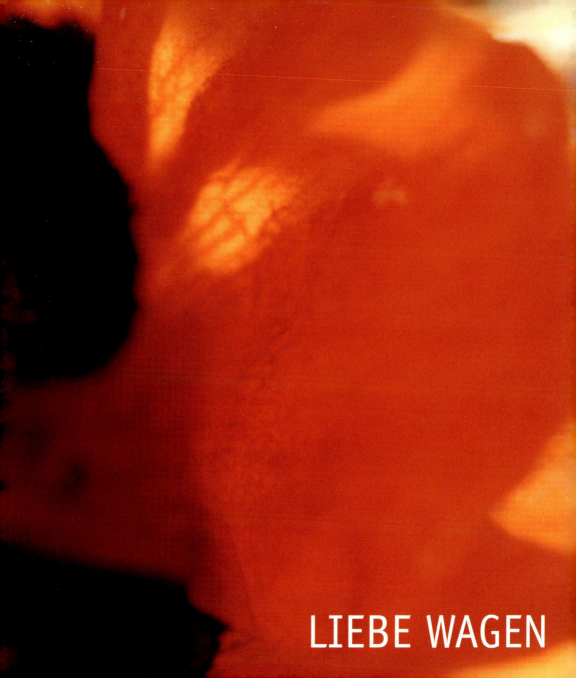

Lieber Henrik,

du sagst, du bist verliebt und weißt einfach nicht, wie du damit umgehen kannst. Sollst du ihr deine Zuneigung gestehen – aber was, wenn sie dir keine Gefühle entgegenbringt? Wenn du es ihr aber nicht sagst, ärgerst du dich dann vielleicht, wenn sie mit einem anderen geht. Auf deine SMS hat sie ja offensichtlich geantwortet, es ist also kein »hoffnungsloser Fall«.

Weißt du, zuallererst möchte ich dir sagen: Freu dich, dass du dich verliebt hast! Das ist eines der schönsten Gefühle im Leben, das wir empfinden können. Und da hat der Schriftsteller Hermann Hesse einfach recht: Jedem Anfang wohnt ein Zauber inne. Dieses Kribbeln im Bauch, dieses Fragen und Schauen, ob deine Gefühle erwidert werden, das setzt schöne Erfahrungen frei. Und das kann auch stark machen und glücklich.

Auch wenn du das jetzt sicher nicht so gerne hörst: In deinem Alter sind solche Gefühle oft noch sprunghaft. Ja, es kann sein, dass sie deine Gefühle nicht erwidert. Liebeskummer gehört immer auch zur Liebe dazu. Wer liebt, macht sich verletzbar. Doch wenn ein Mädchen »Schluss macht« mit dir, musst du dich nicht so unendlich grämen. In deinem Alter wird eine Beziehung noch nicht »für immer« sein, weil ihr beide erst noch herausfinden müsst, wer ihr seid, wohin ihr gehört. Da kann dann auch Loslassen angesagt sein. Das gehört zum Erwachsenwerden. Und manchmal ist es auch eine Erfahrung von Erwachsenen.

**LIEBE WAGEN**

Schmerzhaft sind solche Zurückweisungen besonders, wenn Vertrauen missbraucht wird. Liebe ist ja oft auch ein Geheimnis zwischen zweien. Da wird sich geschrieben, gesimst, telefoniert. Und es bedeutet Zeit füreinander: miteinander kuscheln oder auch in die Disko gehen, etwas unternehmen. Manchmal fühlen sich dann auch Freunde ausgeschlossen und es gibt Konflikte. Sich vollkommen abzukapseln als Paar, das ist am Anfang einer Beziehung ein normales Verhalten, aber langfristig sind auch die anderen wichtig, Freundinnen und Freunde.

Mir geht es immer darum, dass der andere nicht missachtet, nicht lächerlich gemacht wird. Und der andere darf auch kein Objekt sein: das Mädchen, mit dem ich den anderen zeige, wie toll ich bin, der Junge, mit dem ich klar mache: Ich bin angesagt. Sehe ich den anderen als Subjekt, liebe ich sie, auch wenn ich ihre Schwächen kenne? Nach meiner Erfahrung kann eine Beziehung nicht gelingen, wenn der andere für mich ein Mittel zu einem Zweck ist, wenn ich meine, die Partnerin verändern zu können, damit unsere Beziehung gelingt.

Und klar, Sexualität spielt eine Rolle. Du sagst ja, das ist ein Thema, über das du nicht gern redest. Es ist aber gut, mit Freunden darüber zu sprechen. Nicht so in Macho-Art: Wer hat schon mit einem Mädchen geschlafen? Oder: Wie toll bin denn ich. Wenn du einen wirklichen Freund hast, wirst du mit ihm darüber reden können, was du fühlst, was in dir vorgeht. Fragen zur Sexualität, deine Unsicherheit, solltest du mit jemandem besprechen, dem du vertraust. Das kann dein Vater sein. Vielleicht auch jemand ganz anderes. Ein Pate. Deshalb finde ich übrigens auch, ihr solltet den Sexualkundeunterricht in der Schule nicht so lächerlich machen. Ja, ihr seid unsicher, klar. Das Thema ist nicht so einfach in Worte zu fassen. Aber es hilft weiter, darüber zu reden! Sicher, manches ist dir vielleicht peinlich, aber es gibt auch eine gute Form von Scham, finde ich. Peinlichkeit und Scham sind ja nichts Negatives, sondern sie zeigen uns auch Grenzen, bei denen es gut ist, wenn wir sie respektieren.

Dein Körper verändert sich auf dem Weg zum Erwachsensein ganz ungeheuerlich, das ist bei Mädchen genauso. Bis du in deinem erwachsenen Körper so ganz zu Hause bist als Mann oder ein Mädchen als Frau, das wird dauern, und ich wünsche dir Geduld mit dir selbst.

**Mir ist bei Sexualität vor allem Verantwortung wichtig.**

Mir ist bei Sexualität vor allem Verantwortung wichtig. Es geht nicht darum, möglichst viele Sexualpartnerinnen zu haben. Es geht nicht darum, was »man« so macht. Es geht darum, ob die Würde gegenseitig respektiert wird, etwa darum, mit dem Mädchen im Gespräch zu sein, mit dem du zusammensein willst. Was mag sie, was magst du, wo sind die Grenzen? Um eine Atmosphäre des Vertrauens geht es, nicht um »Aufgeilen«, um Pornografie, die den anderen zur Ware macht. Warten zu können gehört übrigens auch dazu, warten, wann beide soweit sind, dass sie miteinander so eng zusammensein wollen. Und es geht darum, über Verhütung zu sprechen, auch über den Schutz gegen eine HIV-Infektion. Mich macht offen gestanden fassungslos, wie sorglos da viele Jugendliche sind.

Der anglikanische Erzbischof von Südafrika, Desmond Tutu, hat auf dem Kölner Kirchentag 2007 gesagt: »Das größte Geschenk Gottes ist die Sexualität.« Ich musste richtig lachen, weil manche ganz erstaunt darüber waren, dass so etwas ein Bischof sagt, noch dazu einer, der 1931 geboren ist! Mir hat das gut gefallen, denn Sexualität gehört ja zur Schöpfung Gottes, sie ist positiv zu denken auch für Christen.

Martin Luther hat, als er das Kloster verließ, Katharina von Bora heiratete und mit ihr Kinder hatte, auch zeigen wollen: Zölibatäres Leben ist nicht besser als Leben in verantwortlicher Beziehung zwischen Mann und Frau.

Hab also keine Angst. Aber entdecke diesen Bereich deines Lebens in Ruhe. Gönne dir die Zeit, die du brauchst, sie in guter Weise, in Freiheit, aber auch in Verantwortung zu gestalten. So kannst du deine eigene sexuelle Identität finden.

Manchmal denke ich, auf dem Weg zu dieser Selbstfindung ist zuallererst die Sehnsucht nach Nähe, nach Zuwendung und Geborgenheit das Motiv – für Mädchen wohl stärker als für Jungen. Bei Jungen gibt es oft den Traum, ein Mädchen zu schützen, das du liebst. Da spielen dann unterschiedliche Formen von Liebe ineinander.

Im Griechischen gibt es interessanterweise zwei Begriffe für Liebe. Es wird unterschieden zwischen *eros* – Erotik und Sexualität, das kann aber auch Lust und Liebe zu einer Sache sein, zum Sport etwa, Engagement, Begeisterung und *agape* – Liebe, wie du sie vielleicht zu deinen Eltern empfindest, gegenüber einem Freund oder auch Nächstenliebe. Wenn Paulus schreibt: Es bleiben Glaube, Hoffnung, Liebe, diese drei, aber die Liebe ist die größte unter ihnen, meint er diese Liebe zueinander, die Sorge füreinander.

Ich finde gut, wenn wir uns das klar machen, es gibt verschiedene Formen von Liebe. Und manchmal kommen sie zusammen, die Liebe der Freundschaft, das sexuelle Begehren und die Begeisterung füreinander oder für eine gemeinsame Sache. Das kann dann die Grundlage für eine lebenslange Partnerschaft, eine Ehe sein, der Sorge füreinander über ein kleines Erlebnis oder einen begrenzten Zeitabschnitt hinaus.

Lieben wirst du auf deinem Lebensweg viele Menschen – das hoffe ich jedenfalls! Aber wer sagt »Ich liebe dich«, sollte das nicht oberflächlich meinen, sondern das ist dann eine tiefe Aussage. Ich habe sie jedenfalls in meinem Leben nur sehr spärlich gebraucht, weil es kostbare und besondere Worte sind, die auch Verbindlichkeit meinen.

Ich bin überzeugt, wir können nur lieben, weil wir schon geliebt sind von Gott. Von dieser Liebe ahnen wir immer wieder etwas auf unserem Lebensweg durch Eltern, Freunde, Großeltern. Wenn du eines Tages erleben darfst, dass eine Frau dich wirklich liebt, du dich jemandem vollkommen anvertrauen kannst, dann ist das ein großes Geschenk. Bejaht werden, wie ich bin mit meinen Stärken, aber auch meinen Schwächen – das ist die größte Erfahrung der Liebe. Das gelingt uns als Menschen sicher immer nur in Ansätzen. Der christliche Glaube sagt, dass diese Bejahung bei Gott vollkommen ist, selbst wenn wir nicht liebenswert sind.

Für mich ist die größte Form der Liebe zwischen Menschen das Vertrauen, dass zwei einander diese Freiheit geben, zu sein, wie sie sind, sich nicht gegenseitig verbiegen zu wollen, sondern sich anzunehmen mit allen Feh-

lern und Schwächen und zueinanderzustehen in guten wie in schlechten Zeiten. Wenn du so einen Menschen findest im Leben, dann wirst du auch den Mut haben, dich durch eine Ehe zu binden, dann wirst du auch Lust verspüren, eine Familie zu gründen, vor Gott und der Welt Ja zueinander zu sagen und um Gottes Segen für diese Beziehung zu bitten.

Das möchte ich dir mitgeben: Geh behutsam mit der Liebe um und auch mit der Sexualität. Nimm Verantwortung wahr, sei respektvoll, aber freu dich auch an der Liebe. Sie ist wirklich ein Geschenk Gottes.

## Was es ist

Es ist Unsinn
sagt die Vernunft
    Es ist was es ist
    sagt die Liebe
Es ist Unglück
sagt die Berechnung
    Es ist nichts als Schmerz
    sagt die Angst
Es ist aussichtslos
sagt die Einsicht
    Es ist was es ist
    sagt die Liebe
Es ist lächerlich
sagt der Stolz
    Es ist leichtsinnig
    sagt die Vorsicht
Es ist unmöglich
sagt die Erfahrung
    Es ist was es ist
    sagt die Liebe

*Erich Fried*

# Das Hohelied der Liebe

Wenn ich mit Menschen- und mit Engelzungen redete
und hätte die Liebe nicht,
so wäre ich ein tönendes Erz oder eine klingende Schelle.
Und wenn ich prophetisch reden könnte
und wüsste alle Geheimnisse und alle Erkenntnis
und hätte allen Glauben, sodass ich Berge versetzen könnte,
und hätte die Liebe nicht, so wäre ich nichts.
Und wenn ich alle meine Habe den Armen gäbe
und ließe meinen Leib verbrennen
und hätte die Liebe nicht, so wäre mir's nichts nütze.
Die Liebe ist langmütig und freundlich,
die Liebe eifert nicht, die Liebe treibt nicht Mutwillen,
sie bläht sich nicht auf, sie verhält sich nicht ungehörig,
sie sucht nicht das Ihre, sie lässt sich nicht erbittern,
sie rechnet das Böse nicht zu,
sie freut sich nicht über die Ungerechtigkeit,
sie freut sich aber an der Wahrheit;
sie erträgt alles, sie glaubt alles, sie hofft alles, sie duldet alles.

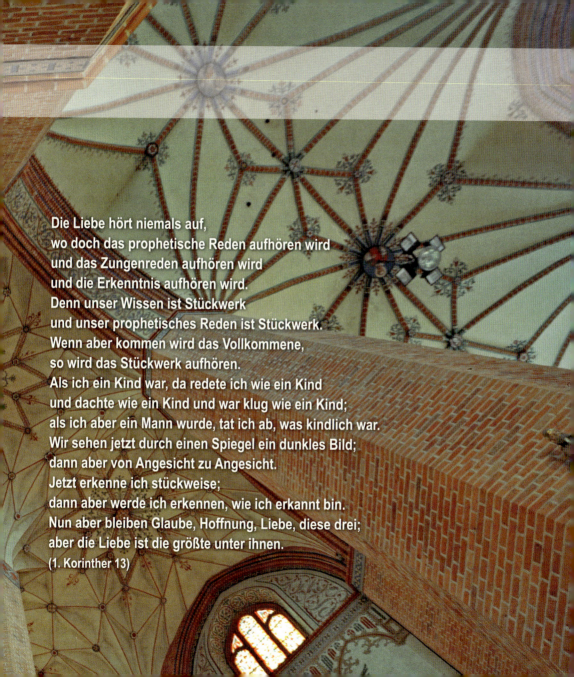

Die Liebe hört niemals auf,
wo doch das prophetische Reden aufhören wird
und das Zungenreden aufhören wird
und die Erkenntnis aufhören wird.
Denn unser Wissen ist Stückwerk
und unser prophetisches Reden ist Stückwerk.
Wenn aber kommen wird das Vollkommene,
so wird das Stückwerk aufhören.
Als ich ein Kind war, da redete ich wie ein Kind
und dachte wie ein Kind und war klug wie ein Kind;
als ich aber ein Mann wurde, tat ich ab, was kindlich war.
Wir sehen jetzt durch einen Spiegel ein dunkles Bild;
dann aber von Angesicht zu Angesicht.
Jetzt erkenne ich stückweise;
dann aber werde ich erkennen, wie ich erkannt bin.
Nun aber bleiben Glaube, Hoffnung, Liebe, diese drei;
aber die Liebe ist die größte unter ihnen.

(1. Korinther 13)

# UND FAKTEN

**FRAGEN**

Was bedeutet Sex vor der Ehe?

Es gibt Menschen, die bewusst darauf verzichten, vor der Ehe sexuelle Erfahrungen zu machen. In den USA etwa gibt es eine Bewegung »True love waits« (Wahre Liebe wartet). Und in vielen Ländern ist es für eine Frau geradezu lebensgefährlich, sich vor der Ehe auf eine sexuelle Beziehung zu einem Mann einzulassen, weil ein Mädchen, das vor der Ehe Sex hat, angeblich die Ehre der Familie beschmutzt. Niemand sollte leichtfertig »Sex haben«, denn das bedeutet immer eine tiefe Form von Intimität und damit Verletzbarkeit. Es geht um eine Partnerschaft, die auch offen dafür ist, dass es zu einer lebenslangen Bindung kommt. Der Kick, den manche in »One-Night-Stands« empfinden, hat mit solcher Verantwortung nichts zu tun.

In der Ehe ist Sexualität in all ihrem Gelingen und Scheitern eingebunden in einen gemeinsamen Lebensweg. Wenn Menschen Sex vor der Ehe haben, geht es vor allem um verantwortliche Sexualität, die den anderen als Partner respektiert. Behutsamer Umgang miteinander, Achtsamkeit, Warten-Können sind wichtig, damit der andere als Person ernst genommen und nicht benutzt wird.

## Ist Selbstbefriedigung »normal«?

Der Mensch ist sicher darauf angelegt, Lust und Sexualität in einer Zweierbeziehung zu gestalten. Aber wenn du selbst deinen Körper entdeckst, herausfindest, was für dich Lust bedeutet, ist das nicht verwerflich.

## Wie ist das mit gleichgeschlechtlicher Liebe?

Gerade auf dem Weg zum Erwachsenwerden gibt es das: entdecken, dass ich mich als Mädchen zu einem Mädchen und als Junge zu einem Jungen hingezogen fühle. Das muss noch nicht bedeuten, dass du homosexuell bist. Lass dir Zeit, herauszufinden, wer du selbst bist. Du solltest das auch nicht mit dir alleine ausmachen, sondern jemanden suchen, mit dem du vertrauensvoll darüber sprechen kannst. Auch dabei geht es zuallererst um verantwortliche Sexualität. Wenn ein gleichgeschlechtliches Paar mir sagt, es lebe seit 16 Jahren treu zusammen, kann ich das nicht verurteilen. Die eigene Sexualität erspüren und nicht unterdrücken müssen, sich entwickeln können, das ist ebenso wichtig wie der Respekt vor dem Partner bzw. der Partnerin.

**FRANZISKA STÜNKEL**
*Regisseurin, Drehbuchautorin und Fotografin*

## MEINE LIEBSTE BIBELSTELLE

*»Du sollst deinen Nächsten lieben wie dich selbst.«*
(Johannes 4,13+14)

Liebe deinen Nächsten – das ist ein wichtiger Schlüssel zum Frieden in einer Welt, in der teils ein friedliches Miteinander existiert, die aber auch von Missverständnissen, Intoleranz und kriegerischen Auseinandersetzungen durchdrungen ist. Liebe deinen Nächsten – das ist auch ein wichtiger Schlüssel für das eigene Leben. Tu deinem Mitmenschen niemals etwas an, was auch dir niemand antun soll. Tu deinem Partner, deiner Familie und deinen Freunden Gutes, denn auch du willst, dass dir Gutes widerfährt.

**Ein wirkungsreicher Grundsatz:** Liebe deinen Nächsten wie dich selbst. Immer, wenn ich mir diese Worte sage, klingt besonders der letzte Teil des Satzes wie ein Echo in mir nach: So, wie ich mich selber liebe. – Sich selber lieben. Das muss doch ganz einfach sein. Ist es aber nicht immer. Es ist eine Herausforderung. Eine Aufgabe, denn es ist schwieriger denn je, sich selbst zu lieben, in einer Welt, die Perfektion von uns fordert.

Werbekampagnen versprechen, dass wir aus uns den optimalen Menschen machen können: Schönheit, Reichtum, Karriere. Wir müssen nur immer höher, immer schneller, immer weiter wollen. Wir optimieren uns ständig, sind manchmal dabei, uns allzu kritisch zu beobachten und zu beurteilen. Dadurch erschaffen wir uns bisweilen einen Nährboden für Unzufriedenheit und Selbstvorwürfe – und entfernen uns davon, uns selbst so anzunehmen, wie wir sind.

Mit »mich selber lieben« ist wohl keine Selbstliebe im egoistischen oder gar narzisstischen Sinne gemeint, sondern die Bewusstwerdung seiner selbst, der eigenen Stärken und Schwächen – und sich durchaus kritisch auseinanderzusetzen, sich aber nicht verführen zu lassen zu einem unzufriedenen getriebenen Menschen.

Und da erinnere ich mich an eine Begegnung in Shanghai. Ich stand am Fenster eines Hotelzimmers im 15. Stock. Vor meinen Augen erstreckte sich ein endloses Meer an Hochhäusern. Der Smog hing tief und grau über der Stadt. In meinem Zimmer surrte die Klimaanlage. Ich sollte mich ausruhen, den Jetlag ausschlafen, denn morgen würden die Filmfestspiele beginnen. Doch ich konnte nicht einschlafen. Ich war neugierig und ging hinaus. Die Straßen waren voll, die Türen der Häuser standen offen. Überall Menschen, Tiere, Blicke und Gerüche. Ich erkannte keine Ordnung. Eben noch durchquerte ich eine heruntergekommene Straße, in der die Menschen auf alten Eimern an Tischen aus Pappkartons saßen, da glitzerten nur eine Straße weiter die Leuchtreklamen von Nobelboutiquen und Szenerestaurants. Ich verlor in dem Gewirr die Orientierung.

Da sah ich den Mann. Er saß gegenüber auf dem Fußweg, tief gebeugt über einen kleinen Campingtisch. In der Hand hielt er eine Lupe. Er ritzte irgendetwas in einen kleinen Stein. Neben ihm lag ein Haufen dieser kleinen Steine, es waren Kettenanhänger. Der Mann bedeutete mir, näher zu kommen. Er gab mir die Lupe. Ich betrachtete den winzigen Stein durch das Vergrößerungsglas und entdeckte ein Miniaturschriftzeichen. Dies musste er in den Stein geritzt haben. So als ahnte er meine Frage, sagte der Mann in brüchigem Englisch: »Es bedeutet: Liebe dich selbst.« Ich sah ihn ernst an. Er lachte: »Sei nicht zu streng zu dir! Schau auf das, was du hast. Und nicht auf das, was du nicht hast. An welchen Gott du auch glaubst, er hat dir so viel gegeben. Sei stolz darauf. Lächele!« Auf dem Weg zurück ins Hotel legte ich die Kette mit dem Anhänger um meinen Hals, dachte an die Worte des Mannes – und lächelte.

# »Du sollst deinen Nächsten lieben ...

# ... wie dich selbst.«

Liebe Kim,

in deinem Brief schreibst du, du hast keine Lust mehr, in die Schule zu gehen. So schnell wie möglich soll Schluss sein. Du hast nur Stress mit den Lehrern, richtige Freundinnen findest du auch nicht und die Versetzung sei auch schon wieder gefährdet. Nichts wie weg und irgendwo schnell Geld verdienen …

Ach, weißt du, das verstehe ich schon. Das habe ich auch selbst so erlebt. Am Ende der neunten Klasse dachte ich: Noch vier Jahre! Das halte ich nicht aus, das ist endlos, immer der gleiche Trott. Ich hatte dann ganz großes Glück und habe in der 11. Klasse ein Auslandsjahr in den USA machen können. Das hat mir den »Kick« gegeben, weiterzumachen. Dabei ist mir bewusst, wie sehr das auch an den tollen Bedingungen in dem Internat lag, in dem ich war. Es gab ganz kleine Klassen, sieben bis zehn Schülerinnen und Schüler. Da konntest du einerseits nie dösen oder deine Hausaufgaben nicht machen, das ist sofort aufgefallen. Andererseits hat sich der Lehrer auch sehr bewusst um jeden Einzelnen gekümmert. Auf einmal war ich gut in Mathematik, das war eine totale Überraschung.

Du hast ja recht. In der Schule ist es heute nicht so einfach. So viele in einer Klasse, 45 Minuten System und auch selten eine Möglichkeit, Schwerpunkte nach den eigenen Gaben zu setzen.

Aber weißt du, dieser alte Satz, der viele nervt: »Nicht für die Schule, für das Leben lernen wir«, stimmt eben auch heute noch. Sicher kannst du fast

ZIELE HABEN

alle Informationen der Welt im Internet abrufen. Das ist eine tolle Sache, finde ich. Aber es ist noch etwas anderes, ob ich selbst gebildet bin. Du kannst einem Menschen abspüren, ob er nur wiederkäut, was andere vorkauen, oder ob er über bestimmte Sachen selbst nachgedacht hat, etwas selbst gelesen hat. Und weißt du: Alles, was du lernst, macht dich auch freier, erweitert deinen Lebenshorizont.

Mir tut es richtig weh, mit wie viel Verachtung Jugendliche manchmal über die Schule reden. Es gibt bestimmt Lehrerinnen und Lehrer, die nicht so gut sind, die nicht gerecht sind, sich nicht vorbereiten. Aber es gibt viele, die mit großem Engagement versuchen, euch vorzubereiten auf euren eigenen Lebensweg, die wirklich Bildung vermitteln wollen und selbst kämpfen mit den manchmal starren Vorgaben des Schulsystems.

**Alles, was du lernst, macht dich auch freier, erweitert deinen Lebenshorizont.**

Als ich das letzte Mal in Äthiopien war, habe ich eine Mädchenschule besucht, in der Mädchen aufgenommen werden, die zu Hause verstoßen wurden, weil der Vater ein zweites Mal geheiratet hat, oder einfach, weil zu viele Esser in der Familie waren und die Söhne dort wichtiger erscheinen. Sie hatten kaum etwas zu essen, aber sie waren überglücklich, zur Schule kommen zu dürfen. Sie wissen, eine Schulbildung und anschließend eine Ausbildung sind die einzige Chance für sie, ihr Leben selbst zu meistern.

Ich will nicht mit erhobenem Zeigefinger von oben herab sagen: Nun lern mal schön. Nein, mir liegt daran, dass du dich fragst: Wo sind meine Stärken, was kann ich entwickeln, wo will ich hin im Leben? Auf dich kommt es an. Denn manche Schüler werden sicher auch falsch eingeschätzt. In meiner Klasse in der Grundschule war ein Junge, der stotterte und schielte. Er wurde einfach auf die Sonderschule geschickt. Aber der Junge wusste, dass mehr in ihm steckt, er hat gegen die Festlegung angekämpft und ist heute tatsächlich Mathematikprofessor.

Damit will ich sagen: Lass dich nicht klein machen. Auch ein Hauptschulabschluss muss nicht heißen, du kommst nicht weiter. Es gibt viele Möglichkeiten, sich zu entwickeln. Es wird immer andere geben, die besser sind als du. Es geht darum, die eigenen Fähigkeiten zu sehen, aber auch die eigenen Grenzen zu kennen, sich nicht zu überfordern und sich in einem solchen Gleichgewicht Ziele zu setzen.

Auch wenn es dir schwerfällt: Wenn du Ziele verwirklichen willst, ist Disziplin wichtig. Das kennst du doch auch aus dem Sport: Du musst trainieren, um gut zu sein. Dazu gehört Ausdauer. Ein alter Lehrer sagte uns immer: Jeden Tag zehn Minuten Vokabeln lernen, und ihr habt eine Eins in Latein. Damals haben wir über ihn gelächelt und natürlich erst kurz vor der Arbeit gebüffelt. Heute weiß ich: Er hatte recht. Es geht sicher auch darum, sich kleine Ziele zu setzen. Wenn du einen 10-km-Lauf mitmachen willst, kannst du nicht gleich mit der ganzen Strecke bewältigen, sondern wirst in kleinen Etappen zu trainieren beginnen. Als ich einmal

> Wenn du Ziele verwirklichen willst, ist Disziplin wichtig. Dazu gehört Ausdauer.

gesagt habe, im Juni wolle ich mit etwas anfangen, sagte mir ein Kollege: »Die Zukunft beginnt immer jetzt.« Das fand ich damals ziemlich altklug, aber im Grunde hatte der Mann recht.

Wir können viele und große Träume für unser Leben haben. Aber wir sollten, wenn wir sie wahr machen wollen, auch konkrete Schritte gehen, uns Ziele setzen, die realistisch sind, klar markiert, damit wir uns nicht verzetteln und anschließend enttäuscht sind, dass bei keinem Punkt etwas herausgekommen ist. Dann können wir manchmal innehalten und uns umschauen und merken: Da stehe ich, diese Strecke bin ich schon gegangen. Sicher, da wird es auch Rückschläge geben, das ist normal. Zur Bildung gehört auch, mit Scheitern und mit Grenzen umzugehen. Und: Bildung ist mehr als eine Anhäufung von Wissen. Sie braucht auch das, was mit einem alten Begriff »Herzensbildung« genannt wird.

Jeder wird gebraucht in der Gesellschaft, das ist mir wichtig. Für Martin Luther war der Beruf nie nur ein »Job« – es geht nicht nur ums Geldverdienen, so wichtig Geld auch ist –, sondern eine Berufung. Und dabei gab es keine Wertigkeit, dass etwa die Ärztin mehr wert wäre als der Straßenbauer. In der Gesellschaft werden ja alle gebraucht mit ihren Begabungen.

Sicher ist es schwer, in so jungen Jahren zu wissen, was dein Beruf sein soll. Heute ist es aber ohnehin so, dass du dich gar nicht für dein ganzes Leben festlegen kannst. Das heißt, im Berufsleben werden sich immer neue Wege und Möglichkeiten ergeben. Das zeigt auch, dass Bildung nie abgeschlossen ist, weder mit dem Schulabschluss noch mit dem Abschluss von Ausbildung oder Studium. Du wirst ein Leben lang weiterlernen und das kann spannend sein, weil Lernen auch heißt, Neues zu entdecken.

Finde deine Stärken heraus! Es gibt doch sicher Fächer in der Schule, die dich eher interessieren als andere. Wie kannst du solche Schwerpunkte ausbauen, fördern? Mach du das Beste aus deinen Möglichkeiten! In meinem Bekanntenkreis gibt es eine junge Frau, die immer darunter gelitten hat, dass sie kein Abitur hat. Einmal hat sie versucht, es nachzumachen, aber sie ist gescheitert. Alle haben gesagt: Lass doch, ist doch nicht schlimm, du hast einen interessanten Beruf, du bist verheiratet, was brauchst du Abitur? Und dann hat sie allen Mut zusammengenommen, einen zweiten Anlauf gewagt und zäh und konsequent in drei Jahren Abendschule ihr Abi-

tur gemacht. Vielleicht braucht sie es nicht für ihren Beruf, aber für sich selbst hat sie es gebraucht. Wir waren alle ganz stolz auf sie, und es ist ihr anzumerken, dass sie etwas geschafft hat, was sie sich selbst erst gar nicht zugetraut hat.
Bildung ist übrigens nichts Isoliertes. Wir können im Leben beispielsweise viel von anderen lernen. Auch von anderen Kulturen. Nicht alle von uns können reisen, wobei Reisen immer bildet. Deshalb würde ich dir sehr raten, ein Freiwilliges Soziales Jahr oder ein Auslandsjahr anzustreben. Wenn

ich die Berichte von Jugendlichen lese, die das gemacht habe, kann ich immer sehen, wie sehr ein anderer Kontext helfen kann, zu wachsen, eigene Stärken zu entwickeln.
Aber auch, wenn sich das nicht verwirklichen lässt: Allein schon neugierig zu sein auf die Menschen, nicht immer nur das Eigene als »richtig« zu sehen, sondern nachzufragen, Fremdes nicht abzulehnen, sondern es kennenzulernen, ist wichtig, damit wir urteilsfähig sind. Ich finde immer spannend, mit Menschen in unserem Land zu sprechen, die aus anderen Ländern stammen. Wie leben Familien in der Türkei? Was heißt es, in Russland als

»Deutsche« abqualifiziert zu werden? Wer sind Yeziden? Wenn wir neugierig auf andere bleiben, Unterschiede respektieren, auch wenn wir einen eigenen Standpunkt haben, dann werden wir auch widerständig gegen Parolen von Neonazis, die behaupten, ein Volk sei besser als das andere. Auch das ist eine Frage der Bildung.
Das möchte ich dir mitgeben, dass du dir Ziele setzt, dass du den Mut hast, Grenzen zu überschreiten, und Freude daran hast, Neues (kennen) zu lernen.

*Was mir wichtig ist …*

## Gott im Kirschenbaum

Gott sitzt in einem Kirschenbaum
Und ruft die Jahreszeiten aus
Er träumt mit uns den alten Traum
Vom Großen Menschenhaus
Wir sind die Kinder die er liebt
Mit denen er von Ewigkeit zu Ewigkeit
Das Leben und Sterben übt
Er setzt auf uns
Er hofft auf uns
Dass wir uns einmischen
Dass wir seine Revolution der Liebe verkünden
Von Haus zu Haus an die Türen nageln
Heiß die Köpfe reden
In die Herzen versenken
Bis die Seele wieder
Ein Instrument der Zärtlichkeit wird
Und die Zärtlichkeit musiziert und triumphiert
Und die Zukunft leuchtet.

*Hanns Dieter Hüsch*

# Der Kämmerer aus Äthiopien

Aber der Engel des Herrn redete zu Philippus und sprach: Steh auf und geh nach Süden auf die Straße, die von Jerusalem nach Gaza hinabführt und öde ist. Und er stand auf und ging hin. Und siehe, ein Mann aus Äthiopien, ein Kämmerer und Mächtiger am Hof der Kandake, der Königin von Äthiopien, welcher ihren ganzen Schatz verwaltete, der war nach Jerusalem gekommen, um anzubeten. Nun zog er wieder heim und saß auf seinem Wagen und las den Propheten Jesaja. Der Geist aber sprach zu Philippus: Geh hin und halte dich zu diesem Wagen! Da lief Philippus hin und hörte, dass er den Propheten Jesaja las, und fragte: Verstehst du auch, was du liest? Er aber sprach: Wie kann ich, wenn mich nicht jemand anleitet? Und er bat Philippus, aufzusteigen und sich zu ihm zu setzen. Der Inhalt aber der Schrift, die er las, war dieser (Jesaja 53,7-8): »Wie ein Schaf, das zur Schlachtung geführt wird, und wie ein Lamm, das vor seinem Scherer verstummt, so tut er seinen Mund nicht auf. In seiner Erniedrigung wurde sein Urteil aufgehoben. Wer kann seine Nachkommen aufzählen? Denn sein Leben wird von der Erde weggenommen.«

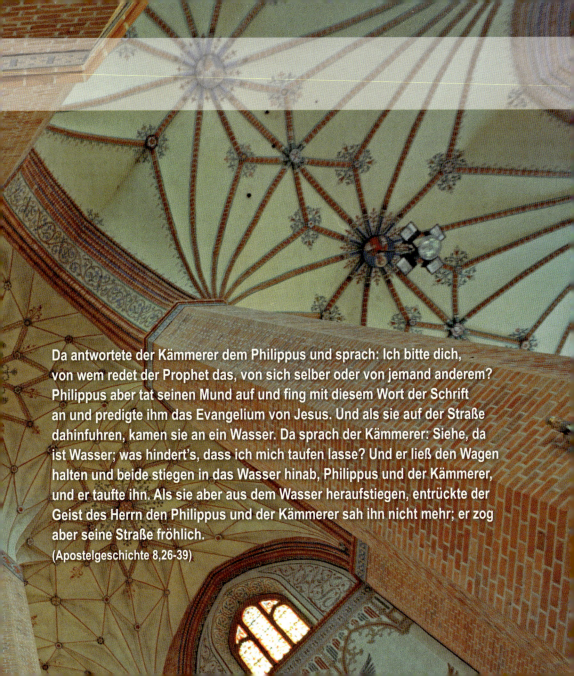

Da antwortete der Kämmerer dem Philippus und sprach: Ich bitte dich, von wem redet der Prophet das, von sich selber oder von jemand anderem? Philippus aber tat seinen Mund auf und fing mit diesem Wort der Schrift an und predigte ihm das Evangelium von Jesus. Und als sie auf der Straße dahinfuhren, kamen sie an ein Wasser. Da sprach der Kämmerer: Siehe, da ist Wasser; was hindert's, dass ich mich taufen lasse? Und er ließ den Wagen halten und beide stiegen in das Wasser hinab, Philippus und der Kämmerer, und er taufte ihn. Als sie aber aus dem Wasser heraufstiegen, entrückte der Geist des Herrn den Philippus und der Kämmerer sah ihn nicht mehr; er zog aber seine Straße fröhlich.
(Apostelgeschichte 8,26-39)

# UND FAKTEN

## FRAGEN

Wie kann ich mich für ein Freiwilliges Soziales Jahr bewerben?

Das Freiwillige Soziale Jahr wird in der evangelischen Kirche durch die Arbeitsgemeinschaft der evangelischen Jugend in Deutschland und das Diakonische Werk der EKD getragen. Gemeinsam sind sie Gesellschafter der Evangelischen Freiwilligendienste für junge Menschen – FSJ und DJiA gGmbH. www.ev-freiwilligendienste.de / Mail: fsj@ev-freiwilligendienste.de / djia@ev-freiwilligendienste.de.
Die konkrete Durchführung des FSJ liegt bei den Trägern.
Eine Übersicht findet sich auf der Website: www.fsj-web.org.
Eine Bewerbung ist grundsätzlich bei allen Trägern möglich, egal, aus welchem Bundesland man kommt. Die Bewerbung muss direkt bei den Trägern erfolgen und nicht in der Bundesgeschäftsstelle.
Der Hauptstartzeitpunkt für das neue FSJ-Jahr ist traditionell der 1. September (z. T. auch 1. August) in jedem Jahr. Es gibt aber auch einige Träger, die Starttermine zu anderen Zeiten im Jahr anbieten. Grundsätzlich ist es gut, sich frühzeitig um einen Platz zu bemühen, da z. B. zu Beginn des Jahres noch viel mehr Einsatzstellen verfügbar sind und

somit die Auswahl größer ist. Die Einsatzfelder sind vielfältig: z. B. Arbeit mit Menschen mit Behinderungen oder Arbeit mit alten Menschen, in Krankenhäusern, Kindergärten, Schulen, Seminarhäusern, Kirchengemeinden.

Welche Möglichkeiten gibt es für ein Auslandsjahr?

Grundsätzlich ist zunächst ein Freiwilligendienst zu empfehlen, da es hier einen festen Rahmen und eine pädagogische Begleitung gibt. Dies bieten Praktika in der Regel nicht. Die in der Konferenz evangelischer Freiwilligendienste und im evangelischen Forum entwicklungspolitischer Freiwilligendienste zusammengeschlossenen Mitglieder haben sich auf gemeinsame Qualitätsstandards verständigt. Deshalb ist eine Organisation aus diesem Bereich zu empfehlen. Entsprechende Organisationen gibt es auch im katholischen Bereich.
In der evangelischen Kirche gibt es drei größere Dachverbände, die selbst oder deren Mitglieder Freiwilligendienste im Ausland anbieten:
www.friedensdienst.de / Mail: agdf@friedensdienst.de

www.ev-freiwilligendienste.de / Mail: www.djia.de
Evangelisches Missionswerk in Deutschland / Mail: info@
emw-d.de
In Verbindung mit dem Programm weltwärts (entwicklungspolitischer Freiwilligendienst) gibt es das evangelische Forum entwicklungspolitischer Freiwilligendienst (eFeF). Hier
gibt es weitere Entsendeorganisationen mit unterschiedlich
großen Programmen, die z. T. auch über die oben genannten
Dachverbände organisiert sind. Zu finden sind diese unter
www.efef-weltwaerts.de. Außerdem richtet die Konferenz
evangelischer Freiwilligendienste gerade eine Servicestelle
für Auslandsdienste ein, die Freiwillige beraten soll. Die
Internetadresse ist: www.kef-online.org

Wo kann ich mich über berufliche Möglichkeiten informieren
oder Praktika machen?

Praktika sind in vielen kirchlichen und diakonischen Einrichtungen möglich. Am besten fragst du direkt in einer
Kirchengemeinde oder beim diakonischen Werk des Kirchen-
kreises nach. Ein Praktikum kann dir dabei helfen, herauszufinden, welche Berufsfelder für dich in Frage kommen.

**PER MERTESACKER**
*Fußballprofi*

»Gutes zu tun und mit andern zu teilen, vergesst nicht; denn solche Opfer gefallen Gott.«
(Hebräer 13,16)

Per Mertesacker, der Fußballprofi – so kennen mich viele von euch. Erzählen möchte ich euch von Per, der genau wie ihr seinen Weg gegangen ist, umrahmt von Familie, Freunden, Kindergarten, Schule, Kirche und Beruf, die alle dazu beigetragen haben, dass ihr mich heute so sehen könnt.

Seit meiner frühesten Kindheit bin ich mit Sport in Berührung gekommen. Bei meinen Großeltern am Radio und Fernseher, bei vielen gemeinsamen Gesprächen. Mit meinen Brüdern und Eltern, die mit mir gewandert, gelaufen sind, Tennis, Tischtennis und Fußball ausprobiert haben. So wurde jeder Kindergeburtstag bei uns eine sportliche Veranstaltung, an der viele Personen teilnehmen konnten und Spaß hatten.
Unauffällig bin ich durch das Leben geschlichen, hatte viel Spaß mit meinen Freunden im Kindergarten und in der Schule, mit der ersten

**MEINE LIEBSTE BIBELSTELLE**

Freundin. Geprägt wurde ich durch gemeinsame Unternehmungen, die ab einem bestimmten Alter nur ohne Eltern besonders spannend waren.

**Dann der erste Schritt** von meinem Heimatfußballverein zu Hannover 96, immer mit meinem Hobby »Fußball« im Kopf und vielen Kumpels an meiner Seite. Das hieß auch Konfirmandenunterricht, Schule und Sport zu planen, nicht immer Zeit für Freunde und Familie zu haben. Manches Wochenende nicht auf einer Party zu verbringen, sondern im Trainingslager. Mit Rückhalt in der Familie, meiner eigenen Ruhe und dem Ziel: »Ich möchte guten Fußball spielen«, der Hilfe von neuen Freunden, Trainern, Betreuern wurde ich »jugendlicher« Erwachsener. Als A-Jugendlicher, beim Schulabschluss und später beim Zivildienst wollte ich mir und anderen beweisen, dass ich jetzt erwachsen war. Kleinere Rückschläge und Berührungen mit anderen »besonderen« Menschen haben mir geholfen, meinen Weg zielstrebig zu gehen.

»*Gutes zu tun und mit andern zu teilen, vergesst nicht; denn solche Opfer gefallen Gott.*«

**Vorhersehbar oder geplant** war der Weg nicht. Umso mehr bin ich dankbar und möchte vieles davon zurückgeben. Denen, die nicht so ein glückliches Umfeld haben und unbeschwert aufwachsen können.

**Dank meiner sportlichen Laufbahn** bei Hannover 96, Werder Bremen und der Nationalmannschaft habe ich die Möglichkeit, einiges zurückzugeben und anderen zu helfen.
So wird der Gedanke und die Zielsetzung der »Per-Mertesacker-Siftung« von den Helfern und Sponsoren – herzlichen Dank – umgesetzt, um unter anderem Kinder und Jugendliche zu fördern und zu unterstützen.

**Euch möchte ich wünschen,** dass ihr ein Ziel habt, euren Weg findet, gesund und zufrieden eure Zukunft in die Hand nehmt.

Euer Per

**FÜR ETWAS EINSTEHEN**

Lieber Oliver,

in der Diskussion hast du so ganz begeistert von den Demonstranten erzählt, die zwei Tage vor der Eröffnung der Olympischen Spiele in Peking an einem Strommasten vor dem Olympiastadion ein Plakat entfaltet haben: »One World – one dream – free Tibet« (Eine Welt – ein Traum – befreit Tibet). Ja, so etwas finde ich auch toll. Obwohl es natürlich gefährlich ist und einen hohen Preis kosten kann ...
Mein großes Idol war immer Martin Luther King. Als ich als Jugendliche seine Reden gelesen habe, war ich tief beeindruckt, dass jemand so fromm und gleichzeitig so politisch engagiert sein kann. Später war Nelson Mandela für mich ein großes Vorbild. Ich konnte ihm zweimal bei einem Empfang begegnen und habe erlebt, wie unprätentiös, wie herzlich er auch aus der Nähe wirkt. Dass jemand nach so vielen Jahren aus dem Gefängnis kommt und nicht Hass, sondern Liebe zu den Menschen, ja Lebensfreude ausdrückt, das ist bewegend. Ein Vorbild ist für mich auch Aung San Suu Kyi aus Birma, die seit Jahren die Militärdiktatur provoziert, einfach weil sie ohne Gewalt für Demokratie und Freiheit eintritt und damit ein Symbol für ihr ganzes Volk geworden ist.
Solche Vorbilder gibt es im Großen wie im Kleinen. Und sie sind wichtig für jeden Menschen. Ich würde allerdings Vorbilder immer unterscheiden von Idolen. Es gibt keinen Menschen, der völlig makellos ist. Vorbilder sind keine Heiligen im Sinne von makellos, wie Idole das beanspruchen oder wie

es in sie hineininterpretiert wird. Jeder Mensch hat auch Schwächen. Heilig heißt für mich, dass ein Mensch sich ganz und gar Gott anvertraut und sich bewusst ist, dass alles, was wir tun, ja nicht unser so tolles Gelingen ist, sondern letzten Endes ein Geschenk Gottes. Im rechten Moment das Rechte tun – das ist das, was wir auch Gnade nennen.

Dabei ist es gut, Träume zu haben oder auch Visionen von dem, was wir tun oder verändern wollen in der Welt. Mancher Traum zerplatzt sicher, das wird auch in deinem Leben so sein. Aber lieber wäre mir, eine Hoffnung lässt sich nicht verwirklichen, als dass ich überhaupt nicht mehr von Veränderungen zu träumen wage. Dann wäre das Leben doch sehr leblos.

**Es ist gut, Träume zu haben oder auch Visionen.**

Als ich 2002 beim Weltsozialforum in Porto Alegre war, hat mich tief beeindruckt, dass unter dem Motto »Eine andere Welt ist möglich« viele Menschen zusammenkamen, die bettelarm waren: Landlose, Fischer, Kleinbauern. Aber sie haben daran geglaubt, dass sie etwas verändern können. Durch ihr Engagement haben sie eine Hoffnung ausgedrückt, die große Strahlkraft hat.

Für mich gehören der christliche Glaube und Weltverantwortung ganz eng zusammen. Schon bei Martin Luther war das so. Aus seiner Glaubensüberzeugung hat sich politisches Handeln ergeben. So hat er beispielsweise versucht, das Bettelwesen abzuschaffen und stattdessen Armenkassen zu gründen. Das waren quasi Sozial-Kassen für Arme und Witwen. Er hat die Obrigkeit aufgefordert, christliche Schulen zu gründen, weil ihm Bildung wichtig war. Aber auch Martin Luther war nicht einfach ein unangekratztes Idol. Etwa im Bauernkrieg oder mit Blick auf die Juden hat er Standpunkte vertreten, die ich als nicht vereinbar mit unserem Glauben ansehe.

Es gibt heute viele große kirchliche Programme, etwa für Gerechtigkeit, Frieden und Bewahrung der Schöpfung oder die Dekade zur Überwindung der Gewalt. Die müssen aber von der großen Ebene der Welt heruntergebrochen werden auf ganz konkretes Handeln vor Ort, wenn sie Sinn machen sollen. Es kann grandiose Worte geben, aber es kommt darauf an, im Alltag zu handeln. Das können sehr kleine Schritte sein. Es geht darum, dass wir uns als Christen einmischen in die Gesellschaft.

**Es kann grandiose Worte geben, aber es kommt darauf an, im Alltag zu handeln.**

Ich denke, ein sehr wichtiges Thema gerade für deine Generation ist Rechtsradikalismus. Als ich das Programm der NPD für die Landtagswahl in Niedersachsen gelesen habe, hat mich das doch sehr erschreckt. Da war auf einmal von Volk und Rasse die Rede, es gab eine Abwertung aller Menschen, die nicht in Deutschland und nicht von deutschen Eltern geboren sind. Das ist für mich ein fundamentaler Widerspruch zum christlichen Glauben, der in jedem Menschen ein Geschöpf Gottes sieht. Dagegen anzutreten, wenn über »Ausländer« geschimpft wird, wenn Menschen anderer Hautfarbe angepöbelt werden, wenn der Türsteher bei der Disko jemanden abweist, weil er anders aussieht als das, was er für »normal« hält, das braucht Mut. Es geht um eine innere Haltung, eine Haltung der Freiheit. Habe ich die innere Freiheit, aus meinem Glauben heraus auch gegen den Strom zu schwimmen? Habe ich die innere Kraft, widerständig zu sein? Oder passe ich mich lieber an, weil das weniger Ärger macht, ja bequemer ist? Mit Blick auf diese Fragen ist Martin Luther auch heute ein Vorbild für mich.

Übrigens kann es aus dem christlichen Glauben heraus auch zu unterschiedlichen Optionen kommen, die beide ihr Recht haben. Es geht darum, ob sie das Ergebnis einer eigenen Auseinandersetzung sind, sodass ich aus der Überzeugung meines Gewissens handeln kann. Diese Frage wird unweigerlich auf dich zukommen, wenn du dich zwischen Zivildienst und Wehrdienst entscheiden musst. Manche leiten aus dem Satz Jesu »Selig sind, die Frieden stiften« als Konsequenz ab, den Wehrdienst zu verweigern. Andere fühlen eine Verpflichtung, in der Bundeswehr für Frieden einzutreten. Da wirst du eine eigene Entscheidung treffen müssen.

Weißt du, ein eigener Standpunkt ist gar nicht immer leicht durchzuhalten. Aber er gibt uns auch Standfestigkeit, lässt uns Klarheit ausstrahlen, sodass wir nicht einfach der Spielball anderer Meinungen sind. Der Theologe Karl Barth hat einmal gesagt, es gehöre zum Christsein, die Bibel in der einen und die Zeitung in der anderen Hand zu haben. Das heißt, ich muss mir auch die Zeit nehmen, mir eine eigene Meinung zu bilden. Oft gelingt mir das gerade im Gespräch mit anderen. Es geht darum, kritisch zu bleiben. Das griechische Wort »kritein« meint die Fähigkeit zu unterscheiden. Da bin ich dann nicht Mitläufer, sondern weiß, wo ich stehe.

Mich macht es immer ganz unruhig, dass Menschen so viel Lebenszeit vor dem Fernseher verbringen, das Elend der Welt beklagen und dann aber nichts tun. Ich denke beispielsweise an den Klimawandel. Alle klagen darüber, aber niemand will den eigenen Lebensstil ändern. Und doch können Einzelne etwas tun! Da stimmt das afrikanische Sprichwort einfach: »Viele kleine Menschen an vielen kleinen Orten, die viele kleine Schritte tun, können das Gesicht der Welt verändern.« Statt Auto fahren das Fahrrad nehmen, statt Standby laufen lassen abschalten, beim Einkaufen Produkte aus der eigenen Region bevorzugen. Ja, das sind kleine Schritte, sehr kleine zum Teil. Aber schon jetzt sehen wir, dass Deutschland die Emissionen in den letzten Jahren deutlich messbar reduziert hat – das Ergebnis vieler kleiner Schritte.

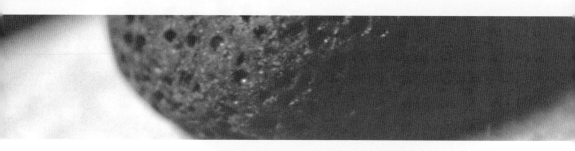

Manche werden es belächeln, wenn du dich engagierst, bei der Feuerwehr, bei amnesty international oder auch in deiner Kirchengemeinde. Als naiver Gutmensch wirst du vielleicht beschimpft oder als Weltverbesserer. Aber auch da ist Haltung gefragt. Ist die Alternative denn, »Bösmensch« zu sein oder ein »Weltverschlechterer«? Viele machen sich das sehr leicht, indem sie sagen, sie könnten ja gar nichts tun.
Für mich ist das Engagement im Leben immer der Gottesdienst im Alltag der Welt. Da ist eben meine christliche Überzeugung gefragt. Viele gerade auch

in deinem Alter finden das sicher merkwürdig, aus christlicher Überzeugung zu handeln. Aber manche finden das ja inzwischen auch wieder interessant. Was glaubt ihr, warum tretet ihr für Flüchtlinge ein, warum schert ihr euch um Menschen in Äthiopien?
Es geht darum, dass wir glauben: Jeder Mensch ist Gottes Ebenbild. Das Unrecht dieser Welt kann uns nicht gleichgültig sein, weil wir im anderen nicht zuallererst den Fremden, sondern den Bruder, die Schwester sehen in der Familie der Kinder Gottes. Darum treten wir ein für die gleiche Würde, die gleichen Chancen für alle Menschen, ob in Europa, Afrika oder Asien.

Das ist unsere christliche Grundhaltung, aus der wir konkrete Schritte ableiten. Das ist übrigens auch eine Grundhaltung im Beten: Indem ich in mein Gebet die Fürbitte für andere hineinnehme, schiebe ich sie nicht ab, sondern nehme sie wahr.
Das möchte ich dir mitgeben: Misch dich mutig ein in die Gesellschaft als Christ aus deinem Glauben heraus! Lass dich nicht entmutigen, wenn die Probleme zu groß scheinen oder du Rückschläge erlebst.

Was mir wichtig ist …

# *I have a dream*

Dr. Martin Luther King Jr.
Rede zum Marsch auf Washington am 28. August 1963 vor 250.000 Menschen am Lincoln Memorial

Ich freue mich, heute mit euch zusammen an einem Ereignis teilzunehmen, das als die größte Demonstration für die Freiheit in die Geschichte unserer Nation eingehen wird …
Ich weiß wohl, dass manche unter euch hierhergekommen sind aus großer Bedrängnis und Trübsal. Einige von euch sind direkt aus engen Gefängniszellen gekommen. Einige von euch sind aus Gegenden gekommen, in denen ihr aufgrund eures Verlangens nach Freiheit mitgenommen und erschüttert wurdet von den Stürmen der Verfolgung und polizeilicher Brutalität. Ihr seid die Veteranen schöpferischen Leidens. Macht weiter und vertraut darauf, dass unverdientes Leiden erlösende Qualität hat.
Geht zurück nach Mississippi, geht zurück nach Georgia, geht zurück nach Louisiana,

geht zurück in die Slums und Ghettos der Großstädte im Norden in dem Wissen, dass die jetzige Situation geändert werden kann und wird. Lasst uns nicht Gefallen finden am Tal der Verzweiflung. Heute sage ich euch, meine Freunde, trotz der Schwierigkeiten von heute und morgen habe ich einen Traum. Es ist ein Traum, der tief verwurzelt ist im amerikanischen Traum. Ich habe einen Traum, dass eines Tages diese Nation sich erheben wird und der wahren Bedeutung ihres Credos gemäß leben wird: »Wir halten diese Wahrheit für selbstverständlich: dass alle Menschen gleich erschaffen sind.«

Ich habe einen Traum, dass eines Tages auf den roten Hügeln von Georgia die Söhne früherer Sklaven und die Söhne früherer Sklavenhalter miteinander am Tisch der Brüderlichkeit sitzen können.

Ich habe einen Traum, dass sich eines Tages selbst der Staat Mississippi, ein Staat, der in der Hitze der Ungerechtigkeit und Unterdrückung verschmachtet, in eine Oase der Gerechtigkeit verwandelt.

Ich habe einen Traum, dass meine vier kleinen Kinder eines Tages in einer Nation leben werden, in der man sie nicht nach ihrer Hautfarbe, sondern nach ihrem Charakter beurteilen wird. Ich habe einen Traum heute ...

Ich habe einen Traum, dass eines Tages in Alabama mit seinen bösartigen Rassisten, mit seinem Gouverneur, von dessen Lippen Worte wie »Intervention« und »Annullierung der Rassenintegration« triefen ..., dass eines Tages genau dort in Alabama kleine schwarze Jungen und Mädchen die Hände schütteln mit kleinen weißen Jungen und Mädchen als Brüdern und Schwestern. Ich habe einen Traum, dass eines Tages jedes Tal erhöht und jeder Hügel und Berg erniedrigt wird. Die rauen Orte werden geglättet und die unebenen Orte begradigt werden.

Und die Herrlichkeit des Herrn wird offenbar werden, und alles Fleisch wird es sehen.

Das ist unsere Hoffnung. Mit diesem Glauben kehre ich in den Süden zurück.

Mit diesem Glauben werde ich fähig sein, aus dem Berg der Verzweiflung einen Stein der Hoffnung zu hauen. Mit diesem Glauben werden wir fähig sein, die schrillen Missklänge in unserer Nation in eine wunderbare Symphonie der Brüderlichkeit zu verwandeln.

Mit diesem Glauben werden wir fähig sein, zusammen zu arbeiten, zusammen zu beten, zusammen zu kämpfen, zusammen ins Gefängnis zu gehen, zusammen für die Freiheit aufzustehen, in dem Wissen, dass wir eines Tages frei sein werden. Das wird der Tag sein, an dem alle Kinder Gottes diesem Lied eine neue Bedeutung geben können: »Mein Land, von dir, du Land der Freiheit, singe ich. Land, wo meine Väter starben, Stolz der Pilger, von allen Bergen lasst die Freiheit erschallen.« ...

Wenn wir die Freiheit erschallen lassen – wenn wir sie erschallen lassen von jeder Stadt und jedem Weiler, von jedem Staat und jeder Großstadt, dann werden wir den Tag beschleunigen können, an dem alle Kinder Gottes – schwarze und weiße Menschen, Juden und Heiden, Protestanten und Katholiken – sich die Hände reichen und die Worte des alten Negro-Spirituals singen können: »Endlich frei! Endlich frei! Großer allmächtiger Gott, wir sind endlich frei!«

Die – leicht überarbeitete – Übersetzung (gekürzte Fassung) entstammt dem Internetauftritt des Martin-Luther-King-Zentrums, das eine hervorragende deutschsprachige Webseite mit zahlreichen Informationen zum Friedensnobelpreisträger unterhält: www.martin-luther-king-zentrum.de

## Die Seligpreisungen

Als er aber das Volk sah, ging er auf einen Berg und setzte sich; und seine Jünger traten zu ihm. Und er tat seinen Mund auf, lehrte sie und sprach:

Selig sind, die da geistlich arm sind; denn ihrer ist das Himmelreich.
Selig sind, die da Leid tragen; denn sie sollen getröstet werden.
Selig sind die Sanftmütigen; denn sie werden das Erdreich besitzen.
Selig sind, die da hungert und dürstet nach der Gerechtigkeit;
    denn sie sollen satt werden.
Selig sind die Barmherzigen; denn sie werden Barmherzigkeit erlangen.
Selig sind, die reinen Herzens sind; denn sie werden Gott schauen.
Selig sind die Friedfertigen; denn sie werden Gottes Kinder heißen.
Selig sind, die um der Gerechtigkeit willen verfolgt werden;
    denn ihrer ist das Himmelreich.

(Matthäus 5)

# UND FAKTEN

## FRAGEN

Wie kann ich mich informieren?

Zeitung lesen finde ich wichtig! Viele Zeitungen haben einmal in der Woche oder einmal im Monat eine Beilage für Schülerinnen und Schüler.

Es ist auch gut, regelmäßig Nachrichten zu gucken. Vielleicht vergleichst du einmal die Nachrichten von RTL und ARD oder von SAT 1 und ZDF. Oder die Nachrichten auf einem Jugendsender und auf Deutschlandfunk. Schon da ist zu merken, wie unterschiedlich berichtet wird.

Das Internet ist eine unendliche Quelle von Informationen. Wichtig ist, sie zu filtern, herauszufinden, was wirklich objektiv dargestellt wird und was versucht, zu manipulieren.

Wo kann ich mich engagieren?

• Jugendgruppen in Gemeinde oder Kirchenkreis: Vielleicht kannst du bei deiner Gemeinde vor Ort nachfragen. Oder du schaust einmal unter

• Christliche Pfadfinder. Viele finden das ganz merkwürdig und denken: Ist das nicht vorgestrig? Wenn du aber einmal die Homepage www.vcp.de anklickst, siehst du, dass für Kinder wie für Jugendliche hier tolle Angebote dabei sind, die Erfahrungen miteinander eröffnen.

• Die Teilnahme an einem Kirchentag kann den eigenen Horizont erweitern. Unter www.kirchentag.de ist alles über den jeweils kommenden Kirchentag zu finden.

• Programme zur Gewaltprävention sind besonders wichtig, denke ich. Die Aktion „Schritte gegen Tritte" ist ein Beispiel, wie in Schulen oder auch im Konfirmandenunterricht das Thema aufgenommen werden kann. Unter www.schritte-gegentritte.de findest du nähere Informationen.

• Frag in deiner Schule doch mal nach einer Schulpartnerschaft. Oft gibt es die Möglichkeit von gegenseitigen Besuchsprogrammen. Das ist immer eine Horizonterweiterung.

## Was ist, wenn ich Zivildienst leisten soll oder will?

Voraussetzung für die Ableistung des Zivildienstes ist die Anerkennung als Kriegsdienstverweigerer. Und Voraussetzung für die Kriegsdienstverweigerung ist wiederum eine Musterung mit dem Ergebnis »wehrdienstfähig«. Wer als

»nicht wehrdienstfähig« ausgemustert wird, kann keinen Zivildienst leisten. Für diese Männer stehen dann »nur« die Freiwilligendienste offen.

Nach der Musterung kann beim Kreiswehrersatzamt ein Kriegsdienstverweigerungsantrag mit Lebenslauf und ausführlicher Begründung gestellt werden. Fast jeder Kirchenkreis hat einen Beauftragten für die Beratung von Kriegsdienstverweigerern (www.eak-online.de).

Nach der Anerkennung als Kriegsdienstverweigerer kann die Einplanung für den Zivildienst erfolgen. Freie Zivildienstplätze gibt es über die sogenannte »Zivildienst-Börse«, eine Zivildienstplatzsuchmaschine des Bundesamtes für den Zivildienst (www.zivildienst.de). Zivildienstplätze in diakonischen und kirchlichen Einrichtungen vermitteln die Verwaltungsstellen Zivildienst der Diakonischen Werke (www.diakonie.de). Die Arbeitsfelder des Zivildienstes sind wie beim Freiwilligen Jahr vielfältig.

Wer nach der Anerkennung als Kriegsdienstverweigerer ein freiwilliges Jahr im In- oder Ausland vereinbart und ableistet, kann sich dieses auf den Zivildienst anrechnen lassen. Umfassende Informationen gibt es bei

• Evangelische Arbeitsgemeinschaft zur Betreuung der Kriegsdienstverweigerer (EAK); Endenicher Straße 41; 53115 Bonn
Website: www.eak-online.de
Mail: eak-brd@t-online.de
• Zentralstelle für Recht und Schutz der Kriegsdienstverweigerer aus Gewissensgründen e.V.; Sielstraße 40; 26345 Bockhorn; Tel.: 04453/9864888
Website: www.zentralstelle-kdv.de
Mail: Zentralstelle.KDV@t-online.de

Und die Mädchen?

Zum einen kannst du ein Freiwilliges Soziales Jahr leisten (vgl. S. 94-96). Aber es gibt auch viele andere Möglichkeiten, sich zu engagieren. In der Kirchengemeinde, beim WWF, bei amnesty international oder Greenpeace. Schau doch mal an deinem Ort, vielleicht gibt es auch eine Kirchenkreispartnerschaft, eine Lesepatenschaft oder Ähnliches. Engagier dich an *einem* Punkt. Als Einzelne können wir nicht alles verändern, aber etwas!

### CHRISTIAN WULFF
*Ministerpräsident von Niedersachsen*

**MEINE LIEBSTE BIBELSTELLE**

*»Was hilft es dem Menschen, wenn er die ganze Welt gewinnt, seine Seele aber Schaden nimmt?«*
(Matthäus 16,26)

Das ist ein Wort aus dem Munde Jesu, das jeden trifft, gleich, ob gläubig oder ungläubig. In manchen Übersetzungen finden wir statt »an der Seele Schaden nehmen« die Wendung »sein Leben verlieren«. Gemeint ist dasselbe. Wir können uns zwar der Welt bemächtigen und unser Leben in die Hand nehmen. Doch letztendlich ist uns das Leben geschenkt. Wir sind nicht Herr unseres Lebens. Es ist uns gegeben – und kann uns genommen werden.

**Der Gedanke, dass wir die Welt gewinnen können,** ist etwas verwegen, aber grundsätzlich nicht falsch. Er ist auch nicht unmoralisch. Er geht zurück auf eine andere Bibelstelle, auf den göttlichen Auftrag an den Menschen aus dem Schöpfungsbericht: »Macht euch die Erde untertan.«

**Doch die Bibel weiß von Anfang an auch:** Der Mensch ist nur ein Geschöpf. Und die Schöpfung, in der er lebt, ist Ort seines Daseins und seiner Bewährung. Aber sie ist nicht das Ziel des Menschen – auch nicht, wenn er die Welt vollständig gewinnt! Das meint Jesus in seiner Aussage.

**Wir sind in diese Welt gestellt** und haben den Auftrag, sie zu besitzen und zu gestalten. Doch wir sind nicht von dieser Welt. Wir dürfen uns in ihr nicht verlieren. Wir dürfen unser wahres Ziel nicht verfehlen. Der Kirchenvater Augustinus, ein großer Philosoph und Theologe, der vor über 1600 Jahren lebte, drückte es so aus: »Du hast uns auf dich hin geschaffen, und unruhig ist unser Herz, bis es ruht in dir, o Herr.«
So verstehe ich diese Bibelstelle und so lasse ich mich in meinem eigenen Leben treffen von ihrer Botschaft. Sie ist von Ernst, gewiss, doch sie ist vor allem tröstlich und: Sie gibt eine klare, ermutigende Orientierung für das ganze Leben.

SPUREN HINTERLASSEN

Liebe Christiane,

das war ein großer Schock für dich, ja für eure ganze Klasse, dass deine Freundin bei einem Autounfall ums Leben kam. Gerade ein plötzlicher Tod, vor allem der Tod eines so jungen Menschen ist immer furchtbar, entsetzlich, da fehlen einem die Worte. Wer das allererste Mal im Leben mit dem Tod konfrontiert wird, ist zutiefst erschrocken.

Ich bin froh, dass euer Pastor die Trauerfeier so würdig gestaltet hat und ihr als Mitschülerinnen und Mitschüler alle dabei wart. »Das letzte Geleit geben«, das ist auch ein Ausdruck von Respekt und Würde gegenüber der Verstorbenen. Mir ist dabei wichtig, dass wir christliche Rituale haben für den Abschied. Nicht jedes Wort muss neu erfunden werden, sondern wir können uns fallen lassen in Worte, die schon viele vor uns getröstet haben. Und wir dürfen hoffen: Wir bringen unsere Toten hier bis an eine Grenze. Auf der anderen Seite der Grenze werden sie in Empfang genommen. Oder wie Paulus im Ersten Korintherbrief schreibt: »Wir sehen jetzt durch einen Spiegel ein dunkles Bild. Dann aber von Angesicht zu Angesicht. Jetzt erkenne ich stückweise, dann aber werde ich erkennen, wie ich erkannt bin.« (1. Kor. 13) Wir werden auf der anderen Seite des Spiegels geborgen sein, daran glaube ich.

Wie kann Gott das eigentlich zulassen, fragst du. Ich habe keine endgültige Antwort. Ich denke nicht, dass Gott uns wie Marionetten hält und mal hier ein bisschen Leid zufügt und dort ein bisschen Glück serviert. Wir leben

**SPUREN HINTERLASSEN**

hier in einer Welt, die das Böse kennt und Leid und auch den Tod, eine »unerlöste« Welt sozusagen. Wir werden das Leid nicht erklären können, aber wir dürfen darauf bauen, dass Gott uns im Leid trägt, uns gerade dann Kraft gibt, wenn wir sie brauchen, uns gerade dann nahe ist, wenn wir verzweifelt sind.

Mir selbst hat einmal eine Geschichte sehr geholfen, die Eli Wiesel erzählt hat. In einem Konzentrationslager werden drei Menschen hingerichtet, weil sie Brot gestohlen haben, unter ihnen ein achtjähriger Junge. Die anderen Gefangenen werden gezwungen, bei der Hinrichtung zuzuschauen. Ein Mann fragt: »Und wo ist nun Gott?« Ein anderer zeigt auf den sterbenden Jungen und sagt: »Dort ist er, siehst du ihn nicht?«

> Es geht darum, dass wir den Tod nicht verdrängen und ausblenden.

Es geht darum, dass wir den Tod nicht verdrängen und ausblenden, er ist Teil unseres Lebens hier. Die Frage nach dem Sinn ist wichtig, sie gehört zum Leben dazu. Du hast immer Angst, dass die Menschen, die du liebst, sterben. Deshalb ist es wichtig, »abschiedlich« zu leben. Damit meine ich nicht, dass du nun jeden Tag an den Tod denkst. Aber dass du daran denkst, dass es zum letzten Mal sein könnte, wenn du jemanden siehst.

Meine Großmutter hat uns als Kinder immer mit dem Bibelzitat ermahnt: »Lass die Sonne nicht über deinem Zorn untergehen.« Mich hat das oft genervt. Aber sie hatte ja recht. Bei manchem Menschen, den ich beerdigen musste, dachte ich: Hätte er gewusst, dass er sterben muss, hätte er sicher noch manchen Streit beigelegt, manches gute Wort gesagt. Das meine ich mit »abschiedlich leben«, weil das Bewusstsein der eigenen Endlichkeit die Dinge ins rechte Licht rückt.

Wer so lebt, kann das eigene Leben in einem weiten Horizont sehen. Sicher gibt es Phasen, da denkst du: Ich bewirke gar nichts, mein Leben ist sinnlos. Aber du hast schon längst Spuren hinterlassen. Es kann viel bedeuten für andere, dass du da bist.

1969 hat mein Vater unseren ersten Fernseher gekauft, weil er mit allen zusammen die Mondlandung gucken wollte. Das war eine enorme Aufregung, und ich vergesse nie, wie der Astronaut Neil Armstrong sagte: »Das ist ein kleiner Schritt für einen Menschen, aber ein großer Schritt für die Menschheit.« Fasziniert hat mich: Dieser Fußabdruck ist bis heute geblieben, weil auf dem Mond kein Wind weht. Er hat einen Fußabdruck hinterlassen, der wohl immer bleiben wird.

Sonst verwischen Spuren ja schnell, fast so wie Spuren im Sand, Spuren im Schnee. Nicht jeder kann seinen Fuß auf den Mond setzen und Geschichte schreiben. Aber kleine Spuren kannst du hinterlassen, davon bin ich überzeugt. Da erinnert sich jemand an eine Geste, an ein gutes Wort, daran, dass du zugehört hast, dass du da warst, als jemand dich brauchte. Das beeinflusst andere.

Es geht darum, welchen Charakter wir entwickeln. Charakter meint »das Eingegrabene«. Das bedeutet, wir sind immer geprägt, ja gezeichnet durch

**Du hast schon längst Spuren hinterlassen.**

die Spuren, die andere vorgeben. Dazu gehört auch, darauf zu vertrauen, dass wir selbst Spuren hinterlassen werden im Leben.

In der Bibel finde ich immer wieder eindrücklich, wie Menschen mutig losgehen auf Gottes Wort hin. Abraham etwa verlässt seine Heimat nur auf die Verheißung hin, dass sein Leben Spuren hinterlassen wird. Er vertraut darauf, dass Gott ihm Wege weisen wird. So vertrauensvoll möchte ich durchs Leben gehen.

Sicher gibt es Phasen im Leben, in denen wir uns fragen, wozu wir überhaupt da sind. Wir denken, dass wir nichts bewirken können, Sinnlosigkeit kann um sich greifen. Da finde ich wichtig, sich als Geschöpf Gottes zu verstehen, das eigene Leben im großen Zusammenhang der Liebe Gottes zu sehen. Das ist ein viel größerer Horizont, weil er die Ewigkeit mit einbezieht. Die Bibel beginnt mit der Schöpfung und sie endet mit der Verheißung der neuen Schöpfung. Die aber ist viel größer als alles, was wir kennen.

Die Erfahrung von eigenen Grenzen wie die Erfahrung von Scheitern gehören zum Leben ebenso dazu. Gerade als Christen haben wir das auch zu leben, dass Gott uns immer eine Chance zum Neuanfang gibt. Wenn du scheiterst, Fehler machst, wirst du auch die Kraft finden, neu anzufangen, weil Gott dennoch Ja zu dir sagt. Das heißt mehr als: »Immer wenn du sagst, es geht nicht mehr, kommt von irgendwo ein Lichtlein her.« Nein, das Licht scheint schon, das glauben wir. Und wenn wir glauben, dass wir nach dem Tod aufstehen werden, dann können wir auch hier im Leben nach »kleinen Toden« aufstehen, auch wenn wir Angst haben.

Jesus hat einmal gesagt: »In der Welt habt ihr Angst.« Angst gehört also zum Leben, vor allem die Angst vor dem Tod. Wenn du dich den Ängsten

aber völlig hingibst, dich von der Angst treiben lässt, dann kannst du das Leben geradezu verpassen. Es ist wichtig, sich zu fragen, woher die Angst kommt, damit du lernst, damit umzugehen. Meine Erfahrung ist, wenn ich über meine Ängste spreche, dann werden sie gleich ein ganzes Stück kleiner. Stark ist letzten Endes nicht derjenige, der die Angst verdrängt, sondern wer der Angst ins Gesicht schaut oder sie in Worte fasst.
Eine der größten Ängste im Leben ist neben der Angst vor dem Tod sicher die Angst vor dem Alleinsein, die Erfahrung von Einsamkeit. Aber auch das

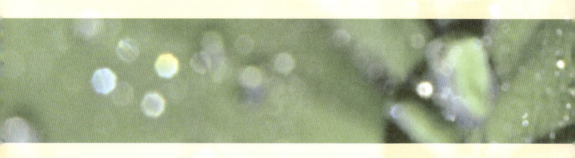

ist eine wichtige Erfahrung im Leben. Alleinsein will gelernt werden, es kann auch gut sein, allein zu sein, sich seiner selbst zu vergewissern. Manche Menschen lassen sich vor lauter Angst in Bindungen treiben, die sie so gar nicht gewollt haben. Auch in einer Partnerschaft wird es darum gehen, zuzulassen, dass der andere Zeiten hat, in denen er allein ist.

Viele Menschen haben auch große Angst vor Krankheit, und manche sehen sie als Strafe Gottes. Jesus aber hat deutlich gezeigt, dass Gott so nicht handelt, Menschen nicht bewusst verletzen will. Auf den Krankenstationen, die ich besuche, denke ich manchmal, dass es vielleicht eher so ist, dass es ein Zeichen von Gnade ist, wie Menschen mit Krankheiten umgehen können. Manche sind unendlich tapfer, gerade auch Kinder und Jugendliche, dass ich großen Respekt davor habe.

Das möchte ich dir mitgeben: Lass die Trauer zu, nimm sie mit als Teil deiner Lebenserfahrung. Verdräng den Tod nicht, er gehört zum Leben wie

deine Ängste. All dem aber kannst du ein trotziges »Dennoch« entgegensetzen, weil du darauf vertrauen darfst, dass Gottes Liebe größer ist als alle unsere Grenzen und Gottes Ewigkeit viel weiter als alles, was wir vom Leben wissen. Deshalb lebe dein Leben fröhlich und offen für Neues, auch wenn du um die Grenzen weißt.

Was mir wichtig ist …

Heinz Zahrnt, der große evangelische Theologe, den ich 2003 im November beerdigt habe, schrieb wenige Jahre zuvor:

Der Tod bringt – vom Ende her – die »Zeitlichkeit« in das Leben des Menschen, dass »seine Tage gezählt sind und seinem Leben ein Ziel gesetzt ist, das er nicht überschreiten kann« (Hiob 14,5). Und niemand mag vorherzusagen, wie er reagieren wird, wenn die allgemeine Wahrheit, dass der Mensch sterblich ist, zur persönlichen Nachricht an ihn wird, dass er jetzt sterben muss.
An mich ist diese Nachricht bis zu diesem Augenblick noch nicht ergangen. Aber die Vorzeichen sind da, und sie mehren sich. Gewiss, sobald ein Mensch geboren ist, ist er alt genug, um zu sterben – aber ab dem neunten Lebensjahrzehnt wird die abstrakte Wahrheit konkret. Nicht, dass ich in jedem Augenblick an meinen Tod dächte – aber er ist aus dem Unbewussten aufgestiegen und wohnt jetzt in meinen Gedanken.
…
Aber »ewiges Leben« im Sinne bloßer zeitlicher Dauer wäre unerträglich. Von daher erhält der Tod eine »gnädige Rückseite«. Oder bedeutet es etwa keine Gnade, wenn Gott das Verlangen des Menschen nach »Unsterblichkeit« nicht erfüllt, sondern durch den Tod verhindert, dass er auf immer leben muss? Denn allein durch die Abschaffung des Todes entstünde noch kein »ewiges Leben« – dadurch ergäbe sich nur eine Fortsetzung des hiesigen Lebens in unaufhörlicher Dauer. Und wer vermöchte dies zu ertragen? Schon bald würden wir zum Augenblick nicht mehr sprechen: »Verweile doch, du bist so schön«, sondern uns den Tod mit allen Kräften unserer Seele herbeiwünschen. Für immer leben wäre nicht das ewige Leben – es wäre die ewige Hölle.

129

## Das neue Jerusalem

Und ich sah einen neuen Himmel und eine neue Erde; denn der erste Himmel und die erste Erde sind vergangen, und das Meer ist nicht mehr. Und ich sah die heilige Stadt, das neue Jerusalem, von Gott aus dem Himmel herabkommen, bereitet wie eine geschmückte Braut für ihren Mann. Und ich hörte eine große Stimme von dem Thron her, die sprach: Siehe da, die Hütte Gottes bei den Menschen! Und er wird bei ihnen wohnen, und sie werden sein Volk sein und er selbst, Gott mit ihnen, wird ihr Gott sein; und Gott wird abwischen alle Tränen von ihren Augen, und der Tod wird nicht mehr sein, noch Leid noch Geschrei noch Schmerz wird mehr sein; denn das Erste ist vergangen. Und der auf dem Thron saß, sprach: Siehe, ich mache alles neu!

(Offenbarung 21)

# UND FAKTEN

## FRAGEN

Wie viele Menschen sterben jedes Jahr in Deutschland?

Rund 830 000 Menschen sterben in Deutschland jedes Jahr. 210 000 in Folge einer Krebserkrankung, 4 000 durch Verkehrsunfälle, 11 000 durch Suizid (davon 8 000 Männer).

Und Kinder und Jugendliche?

Täglich sterben in unserem Land drei Kinder und Jugendliche durch Suizid. Jeden Tag versuchen weitere 40 Kinder, sich das Leben zu nehmen. Nach neuesten wissenschaftlichen Erkenntnissen des Bielefelder Kinder- und Jugendforschers Klaus Hurrelmann hat sich die Situation unserer Kinder in den letzten Jahren dramatisch verschlechtert. Es ist deshalb besonders wichtig, dass Kinder und Jugendliche eine Anlaufstelle haben, wenn sie verzweifelt sind, dass sie sich Hilfe holen, sich beraten lassen. Ich bin sicher, für Kinder und Jugendliche gibt es immer einen Ausweg, auch wenn sie im Moment keinen sehen. Es ist wichtig, aufeinander zu achten, zu schauen, wo jemand sich zurückzieht, einsam wirkt. Und bei dir selbst: Lass dir zusagen, dass es immer jemanden geben wird, der dir zuhören will, dir Möglichkeiten zeigt, wie es weitergehen kann.

## Ist Selbstmord Sünde?

In dem Film über Martin Luther aus dem Jahr 2003 mit Joseph Fiennes in der Hauptrolle gibt es eine Szene, in der Luther einen jungen Selbstmörder auf dem kirchlichen Friedhof bestattet. Ich finde, das ist eine sehr schöne Übersetzung des Gedankens der »Rechtfertigung allein aus Glauben«. Nichts, was der Mensch tut, macht ihn in Gottes Augen »gerecht«, also wertvoll, angemessen, anerkennenswert. Auch im Scheitern geht es ganz und gar um Gottes Zuwendung und Gnade. So ist es von tiefer Traurigkeit, wenn ein Mensch sich selbst das Leben nimmt, das doch ein Geschenk ist. Aber das bedeutet nicht, dass Gott nicht auch diesen Menschen begleitet von dieser Welt in Gottes Ewigkeit. Ich wünsche mir aber, das jeder, der sich mit Selbstmordgedanken trägt, jemanden findet, mit dem er reden kann, dass er darüber sprechen kann und schaut, ob es nicht doch auch andere Wege gibt, Wege zum Leben.

Wie können Sterbende begleitet werden?

Ich finde wichtig, dass wir Menschen am Lebensende nicht ausgrenzen. Vielleicht kannst du einmal ein Hospiz besuchen oder zumindest wahrnehmen, wo in der Nachbarschaft Menschen alt und allein sind.
Wenn Menschen sterben, ist wichtig, dass sie über eine Patientenverfügung selbst klarstellen, wie sie am Lebensende versorgt werden wollen, ob etwa eine Magensonde gelegt werden soll. Wichtiger noch ist die Bestimmung einer bevollmächtigten Person, die im Fall, dass ich selbst nicht entscheiden kann, weiß, was der »mutmaßliche Patientenwille« wäre. Auch wenn du noch jung bist, ist es gut, den Tod nicht zu verdrängen.

Und Friedhöfe? Ist nicht Seebestattung besser?

Mir liegt daran, dass Menschen nicht anonym verscharrt werden, sondern ihr Name erinnert wird an einem Ort, der öffentlich zugänglich ist. Der Theologe Fulbert Steffensky hat einmal gesagt: »Heimat ist da, wo wir die Namen der

Toten kennen.« Das macht deutlich, wie wichtig es für die Lebenden ist, sich an die Toten zu erinnern.

Ich möchte dir Mut machen, mal über einen Friedhof zu gehen. Wenn wir die Lebensdaten anderer Menschen auf den Grabsteinen lesen, gibt das ja auch eine Gelegenheit, über mein eigenes Leben und Sterben nachzudenken. Bei der Beerdigung sagen wir am Ende: »Gott segne deinen Ausgang und Eingang von nun an bis in Ewigkeit.« Das heißt, wir glauben, dass der Gang zum Grab der Übergang in ein neues Leben bei Gott ist. Sich damit auseinanderzusetzen gehört zum Leben.

## Gibt es die Auferstehung von den Toten?

Christinnen und Christen glauben daran. Die Jüngerinnen und Jünger hat die Erfahrung bewegt, dass der Tod nicht das letzte Wort hat. Die Geschichte Gottes mit den Menschen war mit dem Sterben Jesu am Kreuz nicht zu Ende. Gottes Wirklichkeit ist größer als das, was wir sehen und kennen. Wir werden leben, auf andere Weise, als wir das hier und jetzt kennen, und der Tod wird nicht mehr sein, so sagt es die Bibel im Buch der Offenbarung.

## URSULA VON DER LEYEN
*Bundesministerin für Familie, Senioren, Frauen und Jugend*

**MEINE LIEBSTE BIBELSTELLE**

*»Gott ist die Liebe; und wer in der Liebe bleibt, der bleibt in Gott und Gott in ihm.«*
(1. Johannes 4,16)

Aus diesen Worten spricht für mich die Zusicherung von Gott, den Menschen bedingungslos anzunehmen und zu lieben – mit all seinen Schwächen und Stärken.

Der Vers gibt die Gewissheit, dass man nicht tiefer fallen kann als in Gottes Hand. Das hilft mir in schwierigen Zeiten, in denen mir alles zu viel wird, in denen ich viel Widerstand erfahre. Auch wenn ich mich allein fühle, kann ich Kraft schöpfen, denn ich weiß, Gott ist für mich da. Ich bin ein Teil von etwas Größerem, und das ist für mich ebenso beruhigend wie hilfreich. Ich meine damit nicht eine Selbstgewissheit im Sinne von »Weil ich glaube, bin ich im Besitz der Wahrheit«.
Sondern ich glaube eher, dass Gott uns Gaben schenkt – und Aufgaben. Er sagt mir nicht: »Tu dies!« oder: »Tu jenes!«, nein – er stellt uns einfach mitten hinein. Ihr kennt sicherlich das Gefühl: *Das schaffe ich*

*jetzt wirklich nicht mehr!* Der Glaube gibt mir in solchen Situationen das Vertrauen: *»Versuch es zumindest! Weil Gott an dich glaubt!«*

**Und diese Sicherheit,** dieses Vertrauen in Gottes Liebe gibt uns Kraft, auch unseren Mitmenschen Liebe zu schenken. Mit Gottes Liebe können wir die innere Offenheit entwickeln, uns anderen zuzuwenden und unsere Fähigkeiten auch zum Wohle anderer einzusetzen. Das bedeutet für mich Verantwortung für andere übernehmen, Respekt, teilen, nachgeben und vor allem lieben. Und ihr werdet sehen: Die Liebe ist die größte aller Gaben Gottes. Und das einzige Gut, das wächst, je mehr man davon gibt.

**Der Vers sagt uns aber noch mehr.** In der Liebe Gottes müssen wir lernen, uns selbst zu lieben. Das heißt, uns selbst anzunehmen mit all unseren Schwächen und Unzulänglichkeiten. Aber auch unsere Stärken zu entwickeln und einzusetzen zum Wohl anderer. Das ist manchmal schwerer, als man denkt. Aber Gottes Liebe strahlt in jeden von uns und macht uns einzigartig.

**Ich wünsche euch,** dass ihr in leichten und schweren Stunden mit und in Gottes Liebe seid. Dass ihr Vertrauen und Kraft aus dieser Liebe schöpfen könnt, um anderen Menschen zu helfen und andere Menschen an dieser Kraft teilhaben zu lassen. Und ich wünsche euch, dass ihr euch in eurer Einzigartigkeit selbst zu lieben lernt.

## NACHWORT

Sieben große Themen haben wir besprochen: den eigenen Weg, den Glauben, die Familie, Sexualität, Bildungsfragen, Engagement in der Welt und auch Fragen von Sterben und Tod. Das sind in der Tat große Themen. Für dich auf dem Weg von der Kindheit zum Erwachsensein bergen diese Themen große Zerreißproben. Du musst deinen eigenen Standpunkt finden. Dabei bist du sehr verletzbar. Unterschätz das nicht!

Und doch bist du eben du: auf dem Weg, eine eigene Persönlichkeit zu werden, dein ganz individuelles Leben zu gestalten. Wenn du einmal so alt bist wie ich, blickst du zurück und fragst dich, ob dir bewusst war, welche Chancen du hattest, welche Möglichkeiten du außer Acht gelassen hast.

Ich wünsche dir Lust am eigenen Weg, ein Bewusstsein für deine Chancen und Mut, zu deinen Unmöglichkeiten zu stehen. Das Leben ist wunderbar, aber es ist auch sehr begrenzt. Für manche ist es schon begrenzt durch die Herkunft. Für andere ist es begrenzt durch die körperlichen Fähigkeiten. Für uns alle ist es begrenzt durch den Tod.

Das klingt natürlich sehr altbacken, wenn du jung bist. Aber das möchte ich dir doch auch mitgeben:

Wage, was du kannst, erkunde, was du magst, lebe, was dir geschenkt wird, aber sieh auch die Grenzen. Im christlichen Glauben, so habe ich es erlebt, sind diese Grenzen aufgehoben in Gottes großer Wirklichkeit, die überschreitet, was wir sehen und erkennen.

In allem aber, was wir auch an Dunkelheit erleben, gibt es das Licht der Hoffnung. Für mich hat das Hilde Domin in einem Gedicht wunderbar ausgedrückt. Es hat mich einmal sehr getröstet und ist nun der letzte Impuls in diesem Buch, den ich dir mitgeben möchte.

## Der schwerste Weg
### für R. H.

*Die schwersten Wege
werden alleine gegangen,
die Enttäuschung, der Verlust,
das Opfer,
sind einsam.
Selbst der Tote der jedem Ruf antwortet
und sich keiner Bitte versagt
steht uns nicht bei
und sieht zu
ob wir es vermögen.
Die Hände der Lebenden die sich ausstrecken
ohne uns zu erreichen
sind wie die Äste der Bäume im Winter.
Alle Vögel schweigen.
Man hört nur den eigenen Schritt
und den Schritt den der Fuß
noch nicht gegangen ist aber gehen wird.
Stehenbleiben und sich Umdrehn
hilft nicht. Es muß
gegangen sein.*

Nimm eine Kerze in die Hand
wie in den Katakomben,
das kleine Licht atmet kaum.
Und doch, wenn du lange gegangen bist,
bleibt das Wunder nicht aus,
weil das Wunder immer geschieht,
und weil wir ohne die Gnade
nicht leben können:
die Kerze wird hell vom freien Atem des Tags,
du bläst sie lächelnd aus
wenn du in die Sonne trittst
und unter den blühenden Gärten
die Stadt vor dir liegt,
und in deinem Hause
dir der Tisch weiß gedeckt ist.
Und die verlierbaren Lebenden
und die unverlierbaren Toten
dir das Brot brechen und den Wein reichen –
und du ihre Stimmen wieder hörst
ganz nahe
bei deinem Herzen.

Hilde Domin

Bibliografische Information der Deutschen Nationalbibliothek
Die Deutsche Nationalbibliothek verzeichnet diese Publikation
in der Deutschen Nationalbibliografie; detaillierte bibliografische
Daten sind im Internet über http://dnb.d-nb.de abrufbar.

Quellenangaben
Seite 15: Gerhard Schöne, Die Sieben Gaben. © Buschfunk Musikverlag GmbH, Berlin. Seite 35: Jürgen
Werth, Du bist Du. Orig. Titel: I got you. Lyrics & Music: Paul Janz, Dt. Text: Jürgen Werth. © Paragon Music
Corporation/Imagem CV, Holland / adm. by Small Stone Media bv. Holland. Adm. for Germany, Switzerland,
Austria by Small Stone Media Germany GmbH, Deutschland.. Seite 55: Dietrich Bonhoeffer, Wer bin ich. Aus:
Ders.: Widerstand und Ergebung. Briefe und Aufzeichnungen aus der Haft. © by Gütersloher Verlagshaus,
Gütersloh, in der Verlagsgruppe Random House GmbH, München. Seite 73: Erich Fried, Was es ist. Aus: Ders.:
Es ist was es ist. © Verlag Klaus Wagenbach, Berlin 1983. Seite 91: Hanns Dieter Hüsch, Gott im Kirschen-
baum. Aus: Hanns Dieter Hüsch / Vincent van Gogh, Das kleine Buch aus heiterem Himmel, S. 42, 2008/2
© tvd-Verlag Düsseldorf, 2004. Seite 129: Heinz Zahrnt, Der Tod. Aus: Ders.: Glaube unter leerem Himmel.
© 2000 Piper Verlag GmbH, München. Seite 140: Hilde Domin, Die schwersten Wege. Aus: Dies.: Gesammelte
Gedichte. © S. Fischer Verlag GmbH, Frankfurt am Main 1987.

Die Bibeltexte auf den Seiten 16f., 36f., 56f., 74f., 92f., 112f., 130f. stammen aus: Lutherbibel, revidierter
Text 1984, durchgesehene Ausgabe in neuer Rechtschreibung. © 1999 Deutsche Bibelgesellschaft, Stuttgart.

Fotonachweis:
S. 4: © Jens Schulze; S. 6-13: © Sandra Radl; S. 14, 34, 54, 72, 90, 108-111, 128: © Helmut Mülnikel;
S. 16f., 36f., 56f., 74f., 92f., 112f., 130f.: © Reinhard Kemmether; S. 22 und S. 25: © Jörg Steinmetz,
www.joergsteinmetz.com; S. 26-33: © Roger Sennert; S. 42 und S. 45: © Friedrich Haubner; S. 46-53:
© Karl-Heinz Schlierbach; S. 61 und S. 63: © Sebastian Woithe; S. 64-71: © Sandra Radl; S. 78: © Fabian
Isensee, München, S. 81: © Nikolaj Georgiew, Hannover; S. 82-89: © Karl-Heinz Schlierbach; S. 97:
© Bärbel Mertesacker; S. 99: © picture-alliance / dpa / Peter Steffen; S. 100-107: © Sandra Radl;
S. 118: © Lucas Kreuzer; S. 120-127: © Sandra Radl; S: 136: © BMFSFJ; S. 140f.: © Jgz-fotolia.com

4. Auflage, 2011
Copyright © 2009 by Gütersloher Verlagshaus, Gütersloh,
in der Verlagsgruppe Random House GmbH, München

Dieses Werk einschließlich aller seiner Teile ist urheberrechtlich geschützt. Jede Verwertung außerhalb der
engen Grenzen des Urheberrechtsgesetzes ist ohne Zustimmung des Verlages unzulässig und strafbar. Das
gilt insbesondere für Vervielfältigungen, Übersetzungen, Mikroverfilmungen und die Einspeicherung und
Verarbeitung in elektronischen Systemen.
Titelbild: Jgz-fotolia.com / Porträtfoto Margot Käßmann: © Jens Schulze
Druck und Einband: Print Consult, München
ISBN 978-3-579-07013-1

www.gtvh.de